Kräuter auf Balkon und Terrasse

KOSMOS

Ursula Braun-Bernhart • Burkhard Bohne

Kräuter auf Balkon und Terrasse

KOSMOS

Inhalt

Faszination Kräuter

Von der Magie der Kräuter

Was sich in den vergangenen zehn, fünfzehn Jahren in Sachen Kräutern getan hat, ist sagenhaft. Einst wurden diese wunderbaren Schätze mehr oder weniger verborgen hinter Klostermauern und klassischen Bauerngärten angepflanzt. Einerseits ging es damals um den Erhalt traditioneller Arten, andererseits um die zum Überleben notwendige Herstellung von heilbringenden Hausmitteln. Zum Standardprogramm vieler Klöster gehörten eine Auswahl verschiedener Kräuteransätze, Salben, Tinkturen und natürlich zahlreiche getrocknete Kräuter, die für die Zubereitung von heilkräftigen Tees und zum Würzen von Speisen unverzichtbar waren.

Zu den berühmtesten Ordensleuten, die sich intensiv mit Kräutern beschäftigten, gehörte der Abt Walahfrid Strabo. Bereits Mitte des 9. Jahrhunderts pflegte er verschiedene Kräuter und Heilpflanzen im Klostergarten der Insel Reichenau im Bodensee und schrieb darüber ein bedeutendes botanisches Werk.

Fröhlich bunt und reich an Inhaltsstoffen präsentieren sich Kamille (Matricaria chamomilla) und orangegelbe Ringelblume (Calendula officinalis).

Ein beliebtes Ausflugsziel: der Kräutergarten an der Klosterkirche auf der Insel Reichenau.

HILDEGARD VON BINGEN-KRÄUTER: GEFRAGT SEIT EH UND JE

Als wohl berühmteste Heilkundige des Mittelalters ist die Äbtissin Hildegard von Bingen (1098–1179) in die Geschichte eingegangen. Die Ordensschwester, Naturforscherin, Ärztin, Philosophin, Dichterin, Mystikerin und Musikerin hat Großartiges geleistet und war ihrer Zeit weit voraus. Durch sie sind Heilpflanzen, wie zum Beispiel Galgant, Quendel, Ziest, Breit- und Spitz-Wegerich, Echter Ehrenpreis, Gamander, Gänse-Fingerkraut, Gemeiner Odermennig, Mariendistel, Nelkenwurz, Pfennigkraut, Ruprechtskraut, Sanikel, Sterndolde und Ysop bekannt geworden und zählen noch heute zu beliebten Pflanzen im Heilkräuterbeet.

Zu den berühmtesten Kräuterkundigen in der Schweiz gehören Kräuterpfarrer Johann Künzler (1857–1945) und Alfred Vogel. Die im Jahr 1911 von Künzler verbreitete Broschüre „Chrut und Uchrut“ (Kraut und Unkraut) erreichte Millionen von Menschen, die wissbegierig seine Ratschläge befolgten. Einen unermesslichen Schatz hinterließ uns auch Alfred Vogel (1902–

1996), Naturarzt, Heilpraktiker und Heilpflanzenkundiger, der lange Jahre eine eigene Klinik in Teufen im Appenzeller Land betrieb. Er war zutiefst davon überzeugt, dass uns die Natur alles gibt, was wir brauchen, um unsere Gesundheit zu schützen und zu erhalten. Angeleitet von Vater und Großmutter, hatte er bereits als Kind außergewöhnlich große Pflanzenkenntnisse. Die Schulmedizin nutzte er als Wissensgrundlage, doch die Natur war seine beste Lehrmeisterin.

Mehr denn je werden heute Kurse von erfahrenen Kräuterkundigen angeboten, die uns lehren, wie Kräutertees, Verdauungsschnäpse und Heilweine angesetzt und verwendet werden. Auch eine Ringelblumensalbe ist relativ schnell gemacht und äußerst wirksam bei schlecht heilenden Wunden.

Einst und heute: vom Mauerblümchen zum Trendsetter

Dank der schöpferischen Kraft und des unermüdlichen Wirkens der Kräuter-Pioniere gibt es inzwischen eine riesige Gemeinschaft von Kräutersachkundigen. Außerdem ist die Vielfalt der Kräuter längst von den Pflanzenfreunden entdeckt worden und diese ziehen sie im Garten, Topf oder Blumenkasten selbst heran. Durch die züchterischen Verbesserungen kann sich das Ergebnis auch wirklich sehen lassen. Dank unermüdlicher Pflanzenzüchter kann heute jeder Hobbygärtner mit Kräutern aller Art erfolgreich sein. Denn sie sind in der Regel sehr wuchsfreudig und flexibel, vorausgesetzt, der Standort stimmt.

Und mit den richtigen Zutaten ist es heute relativ einfach, eine heilsame Salbe oder Tinktur für Alltagsbeschwerden herzustellen. Was Sie dafür brauchen, ist Fingerspitzengefühl, Geduld und gesunde, an der Sonne, abseits von Autoabgasen gereifte Heilkräuter.

Klassische Kräuterbeete sind heute noch mit Buchs eingefasst. Kleiner Nachteil: Werden die Hecken zu hoch, verkahlen Würz- und Heilpflanzen zusehends.

Traditionelle Würzpflanzen

Knoblauch (*Allium sativum*)
Wichtige Heilpflanze bei Verdauungsbeschwerden, zur Vorbeugung von Arteriosklerose; stärkt die körpereigenen Abwehrkräfte.

Dill (*Anethum graveolens*)
Junges Dillkraut würzt Salate, Gemüse und Soßen. Die Samen (Reifezeit: Juli–August) werden auch zu Heilzwecken verwendet.

Meerrettich (*Armoracia rusticana*)
Scharfe Wurzel, reich an Vitamin C, Senfölen sowie antibiotisch wirkenden Inhaltsstoffen.

Kümmel (*Carum carvi*)
Alte Heil- und Kulturpflanze, Samen (Reifezeit Juli–Oktober) wirken krampflösend, verdauungsfördernd und appetitanregend.

Koriander (*Coriandrum sativum*)
Eines der ältesten Gewürze überhaupt; die Samen sind reich an ätherischen Ölen, wirken verdauungsfördernd und krampflösend bei Magen- und Darmbeschwerden. Die reifen Samen werden hauptsächlich zum Würzen von Fleisch und Brot verwendet.

Weißer Senf (*Sinapis alba*)
Umschläge mit gemahlenen Senfsamen lindern Schmerzen bei Rheuma und Gicht.

Die beliebtesten Trend-Kräuter

Kräuter und Würzpflanzen erleben seit Jahren einen revolutionären Aufschwung. Es gibt kaum noch einen Feinschmecker, dem beim Gedanken an Basilikum, Thymian, Bärlauch oder Zitronenstrauch nicht das Wasser im Munde zusammenläuft.
Andere wiederum geraten beim gegenseitigen Austausch ihrer „Würzgeheimnisse" geradezu ins Schwärmen – das betrifft sowohl die kulinarische Seite als auch die unendlich vielen Möglichkeiten der Topf- und Terrassengestaltung.

Das Angebot ist zu verführerisch

Die zur Verfügung stehende Pflanzen-Auswahl war noch nie größer. Trotz aller Begeisterung kann man immer wieder feststellen, dass es dennoch viele Kräuterfans gibt, die sich nicht so richtig trauen, Neues

Pflanzen mit silbrigen Blättern brauchen einen Platz an der Sonne

Kaukasischer Beifuß
(Artemisia armeniaca syn. *canescens)*
Kleinstrauch mit silbergrauen, filigranen Blättern. Das Zierkraut eignet sich bestens zur Unterpflanzung eines Rosenbäumchens im Kübel. Kaukasischer Beifuß wird ca. 30 cm hoch und kann prima als duftendes Beiwerk für Sträuße verwendet werden.

Currykraut *(Helichrysum italicum)*
Currykraut ist eigentlich eine Strohblume, deren silbrige, nadelartige Blätter intensiv nach Curry riechen (nur ganz sparsam dosieren). Die Blüten sind gelb und sitzen auf etwa 25 cm hohen Stielen. Die Pflanze ist nur in Weinbaugebieten frosthart, deshalb im Winter mit Fichtenreisig abdecken.

Silberlaubiger Lavendel
(*Lavandula* × *chaytorae* 'Richard Grey')
Eine noch relativ unbekannte Lavendelart mit violetten Blütenähren, süßem Duft und sehr schönem silbrig-wolligem Laub. Ein faszinierendes Gewächs, 50 bis 80 cm hoch, Blütezeit im Juli und August. In rauen Lagen ist Winterschutz erforderlich.

Englischer Lavendel
(*Lavandula* × *intermedia* 'Fragrant Memories')
Eine wunderschöne Züchtung mit silbrigen Blättern und langen, attraktiven Blütenstängeln; duftet sehr stark, besonders an sonnig-warmen Tagen. Höhe 60 bis 70 cm, Blütezeit Juli und August.

Silber-Minze (*Mentha longifolia* 'Buddleia')
Harzig-fruchtige Minze-Pflanze mit silbergrauen Blättern. Höhe 50 bis 70 cm, Blüte von Juni bis August. Steht sehr schön in Gesellschaft mit anderen Kräutern oder im Terrassenbeet mit weiß, rosé oder blau blühenden Stauden.

Austernpflanze *(Mertensia maritima)*
Die sukkulenten blaugrünen Blätter der Austernpflanze sind silbern überzogen. Das Aroma der Gewürzpflanze erinnert an Austern und Borretsch. Sie wächst mehrjährig und wird 20 cm hoch. Blütezeit (dunkelblau) von Juni bis Oktober.

Kreta-Dost *(Origanum dictamnus)*
Äußerst aromatisches Kraut (auch als Diptam-Dost bekannt), das vor allem im Gebirge von Kreta zu Hause ist. Höhe ca. 20 cm, treibt purpurfarbene Blüten im Juli und August. Kreta-Dost reagiert empfindlich auf Nässe, deshalb nur wenig gießen.

Silber-Thymian (*Thymus vulgaris* 'Argentus')
Dank der weiß panaschierten Blattränder schimmert dieser Thymian in elegantem Silber. Er liebt einen Platz an der Sonne und mageren Boden, hier entfaltet sich sein Aroma am besten. Höhe 30 bis 40 cm; Blütezeit Mai bis Juli.

auszuprobieren. Das hat vielerlei Gründe. Zum einen liegt es daran, dass noch ungeübte Hobbygärtner häufig Bedenken haben, die Pflanze könnte möglicherweise bei ihnen nicht überleben. Zum anderen herrscht Unsicherheit über den optimalen Standort. Pflanzenpflege kann man jedoch lernen, dabei hilft Ihnen auch dieses Buch. Der richtige Standort – in der Regel sonnig und warm – gehört zu den wichtigsten Voraussetzungen für gutes Gedeihen und sollte, wenn irgend möglich, eingehalten werden (siehe auch Pflanzenporträts ab Seite 65). Sonst wird sich das Aroma, wenn überhaupt, nur unzureichend entwickeln.

Genoveser Basilikum hat mächtig Konkurrenz bekommen

Zu dem gefragtesten Vorzeigeobjekt der jüngsten Vergangenheit gehört das Basilikum. Davon gibt es mittlerweile ganz unterschiedliche Geschmacksrichtungen. Mit einem unvergleichlich intensiven Aroma lockt uns das kleinblättrige – im Topf und Kasten äußerst attraktive – Busch-Basilikum (*Ocimum basilicum* var. *minimum*). Es eignet sich hervorragend für die Pesto-Zubereitung und zum Würzen von Tomatensalat mit Ziegen- oder Schafskäse. Völlig anders hingegen ist der Duft von Lemon-Basilikum (*Ocimum americanum* 'Lemon'). Hier vereinen sich intensiver Limonenduft und zarte Basilikumwürze auf ganz wunderbare Art. Die noch relativ unbekannte Duftpflanze eignet sich bestens für die Kultur in Kübeln und Töpfen auf sonnigen Terrassenplätzen sowie zum Aromatisieren von Süßspeisen.

Mit den Hexenkräutern Gourmet-Rosmarin 'Abraxas', Schnitt-Knoblauch 'Neko' oder Silber-Thymian 'Silver Queen' lassen sich Grilladen ganz vorzüglich würzen.

Verschiedene Salbei-Arten, Schnittlauch, Minze und andere Kräuter fühlen sich in diesem mit dekorativen Steinen bestuckten Terrassenbeet sichtbar wohl. Damit sich die Pflanzen schön entwickeln: Triebspitzen regelmäßig entfernen.

Zu guter Letzt möchte ich Sie noch auf das mehrjährige Basilikum 'African Blue' (*Ocimum kilimandscharicum* × *basilicum*) aufmerksam machen. Es verströmt nicht nur einen intensiven Duft, sondern treibt auch sehr attraktive Blüten, an denen man sich kaum satt sehen kann. Der Clou: Basilikum 'African Blue' kann im hellen, warmen Zimmer überwintern.

Mehr als südliches Flair

Ganz ähnliche Entwicklungen gibt es bei einer Vielzahl von klassisch mediterranen Kräutern wie Oregano, Thymian oder Rosmarin. Auch bei ihnen können Sie die ein oder andere Überraschung erleben. Beim Rosmarin (*Rosmarinus officinalis*) sind es zwar weniger neue Geschmacksnuancen, die von sich reden machen. Hier ist es eher die attraktive Blütenpracht, die über Wochen hinweg für Aufsehen sorgt. Rosmarin blüht in der Regel blau – von ganz hell wie die Sorte 'Arp' oder 'Rex' bis ganz dunkel wie die überaus robuste 'Veitshöchheim'. Weniger frosthart, dafür aber weißblühend ist *Rosmarinus officinalis* var. *albiflorus*.

Mit interessanter Wuchsform überrascht die Sorte 'Prostatus' – dieser Rosmarin ist nämlich flachwachsend bis leicht überhängend. Das heißt, er macht sich prima in Hängeampeln und auch Kästen. Da er kaum höher als 30 cm wird, kann man ihn bestens zur Unterpflanzung von Hochstämmchen, beispielsweise von Zitronen- oder Orangenbäumchen, nutzen. Von Mai bis Juni können Sie sich über hellviolette Blüten freuen. Ebenso wärmeliebend und sehr aromatisch ist der aus Südamerika stammende Zitronenstrauch.

Kretischer Dost (Origanum dictamnus) *hat ein kräftiges Aroma, das dem bei uns bekannten Majoran* (Origanum majorana) *ähnelt.*

Multitalent Oregano: Pizzagewürz und Topf-Star

Diese Pflanze vereint alles, was ein südländisches Kraut ausmacht. Oregano ist reich an ätherischen Ölen und wuchsfreudig (bis 60 cm hoch), sofern er nicht zu nass steht. Besonders aromatisch ist Griechischer Oregano (*Origanum heracleoticum*) und daher ein super Gewürz für jede Pizza, für Kartoffel- und Bohnen-Gerichte.

Kretischer Dost oder Diptam-Dost, wie *Origanum dictamnus* auch noch genannt wird, begeistert vor allem durch sein intensives Aroma.

Oregano ist eines der wichtigsten Gewürze für italienische Nudelgerichte und natürlich Pizza. Echter Majoran (*Origanum majorana*) galt im Mittelalter häufig als Hexenkraut. Man pflanzte ihn in Hausnähe an, um Haus und Hof vor Schadenzauber zu bewahren.

Ein Hauch Fernost

Wer es gerne mal exotisch mag, der sollte unbedingt auch ein paar Töpfe für Asia-Kräuter reservieren. Ein frisch mit Echtem Zitronengras (*Cymbopogon citratus*, z. B. 'East Indian' oder 'Tasty Lemon') aufgebrühter Tee schmeckt vorzüglich. Eine weitere geschmackliche Herausforderung ist junges Koriandergrün (Cilantro). Dieses einfach fein schneiden und damit Blatt-, Bohnen- oder Tomaten-Salate würzen. Das Gleiche gilt für junge Senfblätter (*Brassica juncea*).

Eine ganz andere Geschmacksnote bietet Perilla. Die krausen Blätter sind je nach Art grün oder dunkelrot gefärbt und haben ein schwer definierbares Aroma, das an eine Kombination von Zimt und Anis erinnert.

Kräuter-Ideen

Topf-Kräuter – gefragt wie nie zuvor

Eine erlesene Kräuter-Auswahl im Topf: weiß blühende Schafgarbe, blaue Katzenminze, Petersilie und Lavendel (im Terrakottakasten). In der hinteren Reihe ein Rosmarin-Hochstämmchen und Thymian.

Die Zeiten, als Kräuter nur in Bauerngärten um die Wette blühten, gehören der Vergangenheit an, im Gegenteil. Landauf, landab entstehen zunehmend neue Kräutergärten und alte werden wieder neu belebt. Dazu gehören insbesondere Pfarr- oder Klostergärten, die über Jahre mangels Personal und Geld zu verkommen drohten oder in denen einige besonders dominante Kräuter die Regie übernahmen. Zinnkraut, auch als Acker-Schachtelhalm bekannt, oder die Pfefferminze breiten sich dort ohne Schranken grenzenlos aus.

Gestaltungs-Element: Kräuter im Topf

Ob im Beet oder Kübel, das Ergebnis einer liebevollen Pflege von Würz- oder Heilpflanzen lässt je nach Art und Sorte die Herzen höher schlagen. Bei Stauden, also mehrjährig wachsenden Kräutern, ist etwas mehr Geduld gefragt, denn sie wachsen in der Regel deutlich langsamer als einjährige wie Basilikum, Kerbel, Koriander oder Dill.

Bei der Gestaltung innerhalb des Gefäßes und der Auswahl der Pflanzen sollten Sie Ihrer Fantasie und den eigenen Vorlieben freien Lauf lassen – am besten kombinieren Sie ein paar Ihrer persönlichen Lieblingskräuter. Vorher gilt es natürlich abzuchecken, ob diese auch die gleichen oder zumindest ähnliche Bedürfnisse haben, zum Beispiel was Standort oder Wasserbedarf betrifft.
Eine besonders hübsche Wirkung lässt sich erzielen, wenn Sie für die Pflanzenauswahl im Topf verschiedene Wuchsformen auswählen, also zum Beispiel eine hochwachsende (Schnittlauch oder Rosmarin), feinblättrige (Kerbel oder Estragon) und eine leicht überhängende Art (Thymian oder Kapuzinerkresse) miteinander kombinieren.

Accessoires für Kübel & Co

Damit das Arrangement nicht zu nüchtern oder rustikal aussieht, können Sie das Gefäß zusätzlich mit etwas Deko ausstatten. Eine Glaskugel beispielsweise, ein farbenfroher Pflanzenstecker oder ein Terrakotta-

Zapfen sorgen für Lebendigkeit. Sehr schön machen sich Kräuter-Töpfe auf einem Bett von Flusskieseln und ausgesprochen dekorativ wirkt es, wenn die Pflanzerde mehr oder weniger blickdicht mit unterschiedlich großen Tonscherben oder Natursteinen bedeckt wird und sich die Pflanzen mit zunehmendem Wachstum darüber hinwegsetzen. Außerdem profitieren die Kräuter ungemein von der Speicherwärme, die diese Materialien nach sonnenreichen Tagen bis in die Nacht hinein abgeben. Vor allem aromatischen Kräutern wie Oregano, Thymian, Salbei oder Zitronenstrauch tut das sehr gut.

Der Vorteil von Kräutern in Töpfen: Man kann sie nach Lust und Laune arrangieren und, wenn mal nötig, auch kaschieren.

Die wuchsfreudige Minze braucht eine strenge Hand

Für Minzen ist es grundsätzlich angebracht, sie in große Töpfe zu pflanzen. Hier hat man ihr Treiben besser im Blick und kann bei Bedarf sofort regulierend eingreifen. Das bedeutet: Die Pflanze kräftig zurückschneiden, im Herbst aus dem Topf nehmen und den Wurzelballen mit einem großen, scharfen Messer oder einem Spaten teilen, die Erde rundum gut lockern und abschütteln. Danach die Teilstücke in frische Erde auf mehrere Töpfe verteilen und wieder einpflanzen. Pfefferminzwurzeln können sich so stark ausbreiten, dass sie Gefäße mühelos zum Platzen bringen. Die abgeschnittenen Pfefferminzstiele lassen sich leicht trocknen: einfach locker bündeln und luftig aufhängen, vorausgesetzt natürlich, die Blätter sind gesund und frei von Schädlingen.

Diese sonnigen Pflanzen tun der Seele gut: Nachtkerzen (links und rechts), Johanniskraut (hinten Mitte), Lavendel, Frauenmantel und Thymian (vordere Reihe, von links).

Topf-Kräuter fürs Beet

Wer glaubt, dass bepflanzte Töpfe nur für ausgesprochene Balkon- oder Terrassen-Gärtner interessant sind, der irrt sich. Dank ihrer Mobilität, können im Garten regelrechte Outdoor-Zimmer entstehen. Aufgereiht in einer Etagere zum Beispiel oder mehrere, unterschiedlich große Kübel in einer Gruppe im Gartenbeet arrangiert. Allerdings ist es wichtig, dass sich die Gefäße optisch ergänzen und als Ganzes harmonisch wirken. Je besser es gelingt, die Schönheit und Einzigartigkeit jeder Pflanze herauszustreichen, umso mehr Applaus werden Sie ernten.

Grüne Oase mit Mittelmeerflair

Wer schon einmal in Spanien, Südfrankreich oder Italien war, wird versuchen, die typische Lebensart der Südeuropäer zu Hause umzusetzen. Was Ambiente und Ausstattung betrifft, ist das kein Problem. Nicht beeinflussbar ist allerdings das Klima, dessen zentrale Rolle auch die Pflanzenauswahl bestimmt.

Leben wie im Süden heißt auch, dass ein Großteil des Alltags im Freien stattfindet: Hier wird gegessen, gefeiert, diskutiert, gearbeitet und Siesta gehalten. Dies möchte man natürlich am liebsten gleich bei sich zu Hause fortsetzen.

Was für ein bezauberndes Trio: Salbei und davor verschiedene Thymiane. Besonders apart, die Sorte 'Silver Queen' mit weißgrünen Blättern.

Ferienstimmung auf Balkon & Terrasse

Schaffen Sie sich eine Freiluft-Oase – Ihr individuelles Refugium mit Mittelmeer-Feeling. Dank des reichhaltigen Angebots im Versandhandel, Gartencenter und Baumarkt ist die Beschaffung von passenden, mediterranen Accessoires kein Problem. Bevor es an die Pflanzenauswahl geht, empfiehlt es sich, eine Bestandsaufnahme zu machen und den zur Verfügung stehenden Platz exakt zu planen. Wenn Sie genügend Raum zur Verfügung haben, richten Sie doch gleich zwei Sitzplätze ein. Einen fürs Frühstücken, zum Zeitunglesen und In-den-Tag-hinein-Träumen – er sollte warm und sonnig sein. Der Sitzplatz für den Nachmittag sollte geschützter liegen und einen großen stabilen Sonnenschirm oder eine Markise haben. Mediterrane Bodenbeläge sind meist aus Natursteinen. Unschöne Wände können ohne großen Aufwand mit blühenden Schling- oder Kletterpflanzen kaschiert werden. Außerdem gehören Skulpturen und Wasserspiele ebenso dazu wie opulente Bougainvilleen, Palmen, Oleander und verschiedene Kakteen.

Buchs und Lavendel in opulent verzierten Terrakottagefäßen. Je mehr Sonne und Wärme Lavendel abbekommt, umso intensiver ist sein Duft.

Ein hübsches Detail für eine mediterrane Terrasse sind auch Formschnittgehölze, die in schlichten oder mit Ornamenten verzierten Terrakotta-Töpfen stehen.

Buchsbaum, Eibe, Stechpalme und Wacholder sind ideal. Klassiker sind Kugeln und Pyramiden, aber auch Tierformen sehen super aus. Bis die Gehölze die gewünschte Form haben, ist es notwendig, sie zweimal jährlich zu schneiden. Der erste Termin ist im Mai oder Juni, der zweite im fortschreitenden Sommer. Geschickt platziert sorgen diese Gehölze auch im Winter mächtig für Aufsehen.

Mediterrane Kräuter

In unserem Klima lassen sich zwar mediterrane Kräuter wunderbar heranziehen, jedoch muss die Pflanzerde gegebenenfalls verbessert werden. Bei anhaltendem Regen beispielsweise speichern lehmige Böden zu viel Wasser. Deshalb ist es ganz gut, diese Kräuter in Töpfe zu pflanzen. Hier kann man reichlich Sand unter die Pflanzerde mischen, somit lässt sich Staunässe verhindern. Was die Kräuter-Auswahl betrifft, so ist im Topf, Kübel und Balkonkasten nahezu alles möglich, denn mediterrane Kräuter kommen von Haus aus sehr gut mit Hitze sowie vorübergehender Trockenheit zurecht. Der Wasserbedarf ist etwas geringer als bei heimischen Pflanzen, allerdings trocknet die Erde im Topf schneller aus als im Beet, deshalb sollte hier trotzdem täglich gegossen beziehungsweise überprüft werden, ob Wasserbedarf besteht. Zu den Top-Favoriten aus dem Süden gehören Basilikum, Lavendel, Lorbeer, Oregano, Thymian, Salbei und Rosmarin. Sie sind ausgezeichnete Würzkräuter, für Hausmittel gefragt und in vielen attraktiven Sorten zu haben.

Eine bei uns noch relativ neue Heilpflanze ist die Aloe (*Aloe vera*). Durch ihre imposante Wuchsform sorgt sie für große Aufmerksamkeit. Die stammlose Staude bildet dickfleischige, bläulich-grüne, lange Blätter. Aloe ist äußerst kälteempfindlich und wird bei uns daher lediglich als Kübelpflanze und im Winter als Zimmerpflanze gehalten. Aloeblätter sind reich an Enzymen, Mineralstoffen, Aminosäuren und Vitaminen. Das Gel, das durch das Abschneiden eines Blattstückes austritt, lindert Beschwerden bei Insektenstichen, leichten Brandwunden und Sonnenbrand. Außerdem gilt Aloe-Saft als Jungbrunnen für gestresste Haut: Dünne Blattscheiben abschneiden und zum Beispiel für fünf bis zehn Minuten auf das Gesicht legen. Die Haut fühlt sich danach spürbar feuchter an.

Erinnerung an den Süden: Auf kleinstem Raum in Blechdosen und Körben wachsen hier Salbei-Arten, Rosmarin, Weinraute, Lauch, Oregano und Thymian.

Gourmet-Garten im Topf

Es wird Ihnen zwar kaum gelingen, so viel Gemüse oder Obst auf einem Balkon- oder Terrassengarten unterzubringen, dass es zur Selbstversorgung ausreicht, aber Freude und Stolz vermitteln eigene Ernten allemal. Ganz entscheidend ist natürlich die Lage. Gemüse, Obst und Kräuter brauchen einen möglichst hellen und sonnigen, jedoch wind- und regengeschützten Standort. Paprika, Tomaten und Auberginen zum Beispiel, gedeihen bestens in Südlagen, für Blattsalate oder Spinat wird es hier im Hochsommer jedoch deutlich zu heiß.

Ernteglück auf kleinstem Raum

Ein Nutzpflanzen-Balkon verlangt ein großes Maß an Kreativität und Fantasie. Da die zur Verfügung stehende Grundfläche in der Regel viel zu knapp ist, sollten auf alle Fälle auch Hängeampeln und Wandschalen genutzt werden. An der Wand können Spaliere angebracht werden, zum Aufbinden von Himbeeren oder als Kletterhilfe für Bohnen.

Bei der Verwendung von Balkonkästen oder Kübeln unbedingt die geräumigsten auswählen (mindestens 100 cm breit, 24 cm tief und 25 cm hoch), denn Gemüse braucht einen großen Wurzelraum. Fünf bis 15 Liter Erdvolumen sollten es für Gurken, Tomaten oder Zucchini schon sein. Zum Pflanzen eignen sich auch Substratsäcke oder PE-Beutel, wenngleich sie optisch etwas gewöhnungsbedürftig sind.

In einen Terrakotta- oder Kunststoff-Kasten mit den oben genannten Maßen haben z. B. jeweils eine Aubergine, Tomate, Oregano, zweierlei Sorten Basilikum, Schnittlauch, Petersilie, Zitronen-Thymian und zwei Paprika-Pflanzen Platz. Wichtig ist, dass die Fruchtgemüse einen stabilen Holzstab bekommen, an dem sie angebunden werden. Sonst knicken sie bei Wind und Wetter um.

Auch Erdbeeren, Heidelbeeren, Feigen sowie weitere exotische und heimische Obstgehölze lassen sich auf kleinem Raum prima heranziehen. Die entsprechend veredelten Pflanzen bekommen Sie in jeder Marken-Baumschule sowie im Gartencenter. Dort oder beim Gemüsehändler lohnt es sich auch, nach „Naschgemüsen“ zu schauen: Auberginen, Gurken, Tomaten, Paprika, Chilischoten, Schnittsalate, Rucola – die Aus-

Würziges Trio: Petersilie, Bohnenkraut und Lorbeer (von links nach rechts). Der jetzt noch kleine Lorbeerstrauch muss spätestens im kommenden Frühjahr in einen größeren Topf umgepflanzt werden, sonst wird er verkümmern.

Um diese leckeren Köstlichkeiten wird man Sie beneiden: Paprika, Tomaten, Peperoni, Rosmarin, Bohnenkraut, Kohlrabi (im Balkonkasten) und Kapuzinerkresse entwickeln sich prächtig im Topf und Korb.

wahl der im Topf und Kübel gedeihenden Gemüse ist überwältigend. Wobei Fruchtgemüse wie Tomaten, Chili und Peperoni ganz klar die Nase vorne haben. Bei Tomaten kann ich nur empfehlen, sich gleich drei oder vier verschiedene Sorten anzuschaffen, um möglichst viel Abwechslung zu haben, sowohl farblich als auch geschmacklich. Die Cherrytomate 'Dolce Vita F1' bringt leuchtend rote, aromatische Früchte hervor und reiche Ernten. Ihre interessante Fruchtform mit wunderbarem Aroma machen die San Marzano-Tomate 'Cirianne F1' zum absoluten Sommerhighlight. Dazu passt gut die gelbe Carotin-Tomate 'Bolzano F1'.

Falls veredelte Gemüse angeboten werden, sollten Sie diese trotz etwas höherer Kosten unbedingt bevorzugen, denn sie wachsen meist sehr kräftig. Sie bringen zwar nicht mehr Erträge, haben jedoch eine bessere Frucht- und Blattqualität. Beim Pflanzen ist darauf zu achten, dass die Veredelungsstelle über der Erdoberfläche bleibt.

Kräuter als gute Nachbarn

Name	Wirkung für Gemüse oder Obst
Basilikum (*Ocimum basilicum*)	schützt Tomaten vor Weißer Fliege und Mehltau-Befall
Borretsch (*Borago officinalis*)	Blüten locken Insekten an, die zur Befruchtung von Gurken und Zucchini notwendig sind
Bohnenkraut (*Satureja hortensis*)	intensiver Duft hält schwarze Läuse von Bohnen fern; für einen Kübel/Kasten genügt eine Pflanze, im Beet zwei bis drei versetzt ausbringen
Kapuzinerkresse (*Tropaeolum majus*)	hält Blutläuse von Obstbäumen fern, einfach im Baumkübel oder im Garten aussäen
Kerbel (*Anthriscus cerefolium*)	schützt Blattsalate vor Läusen aller Art
Lavendel (*Lavandula angustifolia*)	hält Läuse von Rosen fern; aufgrund der unterschiedlichen Wasserbedürfnisse in getrennte Gefäße pflanzen und nebeneinander stellen

Abwechslung im Terrassenbeet

Was für ein prachtvolles Kräuterbeet: Rosmarin, Duftnesseln, Heiligenkraut, Salbei, Rosmarin und Zitronen-Thymian ergänzen sich wunderschön.

Garten-Anfänger tun sich mitunter ganz schön schwer, wenn es darum geht, ein Beet anzulegen. Dies ist jedoch einfacher, als es aussehen mag. Zunächst einmal brauchen Sie ein sonniges, warmes Plätzchen dafür, das gut zugänglich ist. Nun den Boden nach Wurzeln und Pflanzenresten absuchen, alles auflesen und in den Kompost geben. Jetzt die Erde mit einer Grabegabel oder Harke gut lockern und etwas Sand einarbeiten, das macht die Erde durchlässiger.

Wenn der Boden zu stark verdichtet ist und es in den letzten Jahren Wachstumsprobleme gab, empfiehlt sich vor der Neuanlage eine Bodenprobe. Denn häufig sind auch Böden in Privatgärten mit Dünger unter- oder überversorgt, was sich auf die Qualität der Pflanzen und ihres Wachstums negativ auswirkt. Dafür an verschiedenen Stellen im Beet Erde entnehmen, in einen Eimer geben, mischen, davon etwa 500 Gramm abwiegen, in einen Kunststoffbeutel abfüllen, gut verknoten, verpacken und mit einem Begleitschreiben per Paket an ein Bodenuntersuchungsinstitut schicken (Adressen Seite 90). Je nachdem, ob Sie das Beet oder die Rabatte länglich, rund oder oval wünschen, sollten Sie die gewünschte Form mit Hilfe kleiner Stöcke festlegen, die Sie in regelmäßigen Abständen in die Erde stecken, und mit Schnüren verbinden. Das ist zwar etwas mühsam, aber je exakter Sie arbeiten, umso schöner wird das Ergebnis. 4 m Länge und 2 m Breite sind fürs Erste absolut ausreichend.

Einer der häufigsten Anfängerfehler ist, dass die Pflanzen zu eng gesetzt werden und sie sich dadurch spätestens im zweiten Jahr zwangsläufig im Wuchs behindern oder gar überwuchern. Ist das der Fall, gibt es nur noch eins: ausdünnen und zwar rigoros, auch wenn es der Gärtner-Seele wehtut. Aber besser beim Start etwas kritisch sein, als darauf zu hoffen, dass sich alles von alleine regelt. Das tut es nämlich ganz bestimmt nicht. Kräuter, die zu dicht aufeinander stehen, sehen nicht nur sehr bald kränkelnd aus, sondern werden es über kurz oder lang auch.

Schaffen Sie Strukturen

Ganz gleich, welchen Raum die Kräuter-Rabatte oder das Terrassenbett letztlich einnehmen wird, es ist in jedem Fall sinnvoll, darin Trittsteinplatten in regelmäßigen Abständen zu verlegen. Das hat den Vorteil, dass Sie stets trockenen und sauberen Fußes ernten können. Außerdem wirkt das Beet dadurch viel luftiger. Trittsteinplatten gibt es in Terrakotta, Naturstein, Steinguss oder auch Holz. Dies verwittert jedoch schnell und kann mitunter bei Nässe rutschig werden. Als Beetbegrenzung sieht eine Kombination aus Natursteinen oder Terrakotta im Wechsel mit flach bleibendem Thymian, Ysop oder auch Heiligenkraut sehr attraktiv aus.

Experten-Tipp

Mit fein gefiederten Blättern entwickelt sich Fenchel (*Foeniculum vulgare*) zum Star im Beet. Das zwei- und mehrjährig wachsende Heilkraut wird bis zu 2 m hoch und verströmt einen aromatischen, leicht süßen Duft. Sie haben die Wahl zwischen grünblättrigem Fenchel und Bronze-Fenchel mit tiefbraunen Blättern (*Foeniculum vulgare* 'Purpurascens').

Ab ins Beet

Sobald die Trittsteinplatten verlegt sind, geht es ans Pflanzen. Dazu die vorgesehenen Kräuter aus den Töpfen nehmen und im vorgegebenen Abstand auf dem Beet verteilen. Ist es sehr heiß und sind die Wurzelballen bereits ausgetrocknet, füllen Sie eine Wanne oder einen großen Kübel mit Wasser und tauchen Topf für Topf so lange hinein, bis sich die Wurzelballen vollgesogen haben. Dann erst die Kräuter aus den Töpfen nehmen und auf dem Beet verteilen. Wuchsfreudige Arten in der Mitte platzieren, niedrig bleibende im Vordergrund. Mit einer Harke oder Handschaufel in Größe der Wurzelballen Löcher graben, die Pflanzen hineinsetzen und den Wurzelballen gut andrücken. Wenn Sie fertig sind, die Jungpflanzen mit abgestandenem Wasser kräftig angießen. Zum besonderen Blickpunkt wird das Kräuterbeet, wenn Sie zusätzlich ein paar große, bepflanzte Töpfe darin verteilen, zum Beispiel in Zweier- oder Dreiergruppen, und ein Johannisbeer- oder Stachelbeerhochstämmchen dazupflanzen, drum herum ein paar Gefäße mit Madonnen-Lilien, Katzenminze, Phlox oder Hänge-Erdbeeren platzieren. Das schafft spannende Übergänge.

Die würzigen Düfte dieser Rabatte erinnern an den Süden. Mit von der Partie: Lorbeerbäumchen, Rosmarin, Minze, Oregano, Basilikum 'African Blue', Bohnenkraut, Zitronengras und Eberraute.

Pflanzgefäße für jeden Geschmack

Egal ob groß, klein, unifarben oder verschnörkelt – der Vorteil mobiler Kräuter-Töpfe besteht darin, dass man sie bei Bedarf jederzeit umstellen kann. Sei es, dass im Terrassenbeet ein paar Lücken kurzfristig zu füllen sind oder der Hauseingang etwas aufgepeppt werden muss.

Schöne Gefässe für den perfekten Auftritt

Neben den Klassikern aus Ton, Terrakotta, Steingut und Holz gibt es eine kaum überschaubare Auswahl an dekorativen wie zeitlosen Pflanzgefäßen. Wenn Sie nur einen kleinen Balkon zur Verfügung haben und Steinzeugtöpfe oder schwere Terrakottaware in die engere Auswahl ziehen, sollten Sie zunächst einmal seine Traglast pro Quadratmeter abklären. Denn je nach Bausubstanz kann diese sehr unterschiedlich sein. Für Kunststoffgefäße auf dem Balkon spricht ihr viel leichteres Gewicht, die bessere Mobilität und ein deutlich geringerer Wasserbedarf als bei Tontöpfen. Aber bei aller Konkurrenz: Am beliebtesten sind nach wie vor Gefäße aus Terrakotta. Sie werden aus eisenhaltigem, rotem oder kalkhaltigem Ton hergestellt, wobei es hier große Qualitäts- und folglich auch Preisunterschiede gibt. Am teuersten und auch wertvollsten, da schier unverwüstlich, sind Impruneta-Gefäße, deren Basismaterial Ton reich an Mineralien, Aluminium-, Kupfer- und Eisenoxiden ist. Da diese italienischen Töpfe absolut frostfest sind, eignen sie sich optimal für alle mehrjährigen Pflanzen, die draußen überwintern können. Schnellwachsende brauchen hingegen mehr Platz als beispielsweise genügsamer Thymian und Schnittlauch, die sich auch mit einem engen Platz im Taschentopf (siehe Foto Seite 21 oben) begnügen.

EXPERTEN-TIPP

Besonders schmale und hohe Gefäße, beispielsweise aus Blech oder Kunststoff, fallen bei starkem Wind häufig um. Deshalb grundsätzlich durch Verankern mit Eisenstäben, Klammern in der Erde oder auf einem Podest befestigen.

Salbei, Rosmarin und Oregano zunächst in Tontöpfchen pflanzen; in die abwaschbaren, selbst genähten Kunststoffübertöpfe etwas Blähton geben, dann erst die Kräuter hineinstellen.

Wachstuch-Topf: leicht und verspielt

In den selbstgemachten „Überzieh-Töpfen" auf der Seite 20 sehen Sie, was man mit ein wenig Fantasie und Geschick alles machen kann. Dafür brauchen Sie: Wachstuch (z. B. von Greengate), Samtband, Nähgarn und eine Schere. Wachstuchstücke 30 × 30 cm im Quadrat zuschneiden (5 Stück pro Topf). Diese rechts auf rechts knappkantig zusammennähen.
Das Ganze wenden und die Öffnung mit einem farblich auf das Dekor abgestimmten Samtband einfassen. Da kein Wasserabzugsloch vorhanden ist, etwas Blähton oder Seramis hineingeben und nicht direkt im Freien platzieren, sondern besser auf einer regengeschützten Fensterbank. Eine halbe Stunde nach dem Gießen überschüssiges Wasser abgießen.

Körbeweise Bauerngartenromantik

Ähnlich vielseitig wie in Tongefäßen lässt sich in Körben arrangieren. Ob Sie Flechtwerk nun aus Spanholz, Bast, geschälter oder ungeschälter Weide bevorzugen, ist Geschmackssache. Tatsache ist: Kein anderes Gefäß verkörpert so perfekt das Landleben.

Ein attraktives Rondell aus dreieckigen Tonschalen mit jeweils einem Exemplar Thymian, Oregano, Basilikum, Zitronen-Melisse und Schnittlauch bepflanzt.

Die Bepflanzung eines Taschentopfes verlangt zwar viel Fingerspitzengefühl, aber wenn die Pflanzen – hier überwiegend Thymian – erst mal angewachsen sind, wird er Tag für Tag schöner.

Ein geräumiger Henkelkorb aus ungeschälter Weide, bepflanzt mit Basilikum, Schnittlauch, krauser Petersilie und einer Cocktail-Tomate sowie als Farbtupfer Kapuzinerkresse macht sich einfach wunderschön. Bevor Sie jedoch Erde (am besten Gemüse- oder Kräuter-Erde verwenden) einfüllen, den Korb unbedingt mit Folie ausschlagen und zunächst mit Blähton auffüllen, sonst besteht die Gefahr, dass es zu Staunässe kommt. Nicht willkürlich gießen, sondern erst überprüfen, ob Wasserbedarf besteht, d.h. die Erde wirklich trocken ist.
Vorsicht: So natürlich und lebendig bepflanzte Körbe auch wirken, so vergänglich ist ihr Material. Steht der Korb direkt auf der Erde oder dauerhaft im Regen, setzt unweigerlich ein Verrottungsprozess ein, der sich nicht mehr stoppen lässt.

Kräuterkästen für Feinschmecker

Ein starkes Team: Thymian, Zitronen-Thymian, Salbei (Salvia officinalis 'Icterina'), Kerbel, Majoran und Melisse. Sehr hübsch sind die kupfernen Dekoschilder.

Wenngleich Pelargonien, Petunie, Fuchsien & Co. zur Starbesetzung eines Balkonkastens gehören, mischen Kräuter die Szene hier regelrecht auf. Besonders beeindruckend ist eine Pflanzkombination von Zier- und Nutzpflanzen, vor allem, wenn man nur wenig Platz zur Verfügung hat. Sehr beliebt sind Themenkästen – hier ein Pflanzbeispiel für eine bezaubernde Duft-Komposition: 1 × *Pelargonium* 'Vancouver', 1 × *Pelargonium* 'Citronella', 1 × *Pelargonium fragans* 'Variegata', kombiniert mit 1 × *Salvia officinalis* 'Icterina', 1 × *Thymus citriodorus* und 1 × *Salvia splendens* ssp. *rutilans* 'Pineapple Scarlett'. Mindestgröße des Gefäßes 80 × 24 × 25 cm, besser noch größer.

EXPERTEN-TIPP

Achtung: Teilen sich Kräuter mit klassischen Balkonblumen ein Gefäß, kommt es zwangsläufig zu einem Nährstoffproblem. Petunien brauchen im Vergleich zu Thymian viel mehr Dünger. Das heißt, einer wird unter-, der andere überversorgt.

Für Feinschmecker und Hobbyköche bieten sich dagegen Schnitt-Knoblauch, Majoran, Französischer Estragon, Rosmarin, Orangen-Thymian, Zitronen-Melisse, Oregano sowie Kerbel an. Letzterer keimt rasch und ist sehr wuchsfreudig. Unter optimalen Wachstumsbedingungen können Sie bei der Sommer-Aussaat schon nach drei Wochen zum ersten Mal ernten, denn am besten schmecken junge Kerbeltriebe, und zwar kurz vorm Aufblühen.

Wer gerne Kräutertee trinkt, weiß ein Tässchen mit frisch aufgebrühten Blättern zu schätzen. Aromatisch, mild und wohltuend schmecken Zitronen-Melisse (*Melissa officinalis*), Zitronenstrauch (*Aloysia triphylla*), Pfefferminze

Noch wirken der Salbei (hinten) und der Lavendel etwas verloren in ihrer Halterung. Bei sonnig-warmem Wetter ist davon bis in vier Wochen kaum noch was zu sehen.

(*Mentha × piperita*) und Ananas-Salbei (*Salvia elegans*). Allerdings sind die meisten davon sehr wuchsfreudig, was bedeutet, dass das Gefäß eine entsprechende Größe haben muss. Für Minze und Melisse wären daher große Kübel ideal.

Schön in Ampelgefässen

Einen fulminanten Ampel-Auftritt hat die Kapuzinerkresse (*Tropaeolum majus*). Sie ist ein Kraut mit hohem Zierwert. Sobald sie Fuß gefasst hat, treibt sie den ganzen Sommer lang unermüdlich ganz bezaubernde – essbare – Blüten. Am schönsten entwickelt sich die Pflanze in magerer, durchlässiger Erde. Kapuzinerkresseblätter schmecken pfeffrigscharf und verfeinern Salate, Rohkostgerichte und Quarkspeisen. Die Blüten werden gerne als essbare Dekoration verwendet. Sehr attraktiv sind auch hängende Rosmarin-Sorten wie 'Riviera'. Er zeichnet sich durch eine hübsche Wuchsform und super aromatische Blätter aus. Auch der Kriechende Rosmarin (*Rosmarinus officinalis* 'Repandus') lehnt sich schön über den Topfrand hinaus. Kleiner Wermutstropfen: Rosmarin ist in der Regel nicht frosthart und braucht einen entsprechenden Winterschutz.

Ebenfalls überhängend sind Kriechender Thymian, Hänge-Minze 'Indian Mint', Katzenminze oder das aromatische Busch-Basilikum.

Ein Balkonkasten, wie er schöner nicht sein könnte: Lavendel, Helichrysum und die robuste Beetrose 'Tequila® 2003' verströmen ein ganz bezauberndes Aroma.

Duftpelargonien – eine Klasse für sich

Wer sich einmal in das einzigartige Parfüm von Frühlingsveilchen, Goldlack, Flieder, Nelken oder einer duftenden Rose verliebt hat, wird dies sein Leben lang nicht mehr vergessen. Ganz ähnlich ist es mir bei der ersten Begegnung mit Duftpelargonien ergangen. Ich war zunächst einmal wie berauscht von der Intensität und der Vielfalt. Der erste Besuch bei einem renommierten Duftpelargonienzüchter hat Spuren hinterlassen. Wir haben stundenlang geschnuppert, verkostet und gefachsimpelt. Ich weiß nicht mehr, wie viele verschiedene Pflanzen ich nach Hause transportiert habe und fortan voller Leidenschaft gepflegt und vermehrt habe. Heute begnüge ich mich (aus Platzgründen!) mit drei verschiedenen Sorten: der *Pelargonium crispum* 'Variegatum' mit Zitrus-Aroma, der nach Rose duftenden *Pelargonium capitatum* 'Attar of Roses' und 'Clorinda', deren Blatt-Duft an Himbeeren erinnert.

Die Herkunft des Dufts

Duftpelargonien stammen ursprünglich aus Südafrika und kamen im 17. Jahrhundert nach England. Engagierte Züchter kümmerten sich um sie und so kommt es, dass sie heute weltweit zu haben sind. Das Besondere an Duftpelargonien sind nicht die Blüten, sondern die Drüsenhaare ihrer Blätter, die bei Berührung, Regen oder Wind Duftpartikel freigeben und je nach Art und Sorte verschwenderisch ihr Parfüm verströmen.

Apfel, Muskat, Schokolade – unendliche Duft-Vielfalt

Doch die wunderbaren Düfte sind nicht alles, was Duftgeranien zu bieten haben. Die meisten unter ihnen sind auch mit äußerst attraktivem Blattwerk und von Mai bis September mit hübschen Blüten ausgestattet. Wenn die Pflanzen regelmäßig in Form geschnitten und gezupft werden, wachsen sie zu stattlichen Kübelpflanzen heran. Die abgeschnittenen Triebspitzen können Sie in Anzuchterde stecken und für die Vermehrung nutzen. Besonders attraktiv sind eichenblättrige Pelargonien, wie *Pelargonium quercifolium*. Sie duften meist leicht und blumig.

Duftpelargonien unter sich: Pelargonium 'Aura Unique', Pelargonium graveolens-Hybride 'Princess Ann' (Stämmchen) und Pelargonium 'Scarlett Unique' (rechts)

Der Duft von Pelargonium 'Pink Campagne' erinnert an Ingwer; in kräftigem Rosa zeigen sich die Blüten.

Die weiß panaschierten Blätter von Pelargonium graveolens 'Lady Plymouth' verströmen einen mentholartigen Duft.

Pelargonium crispum 'Major' fasziniert durch hellviolette Blüten und gewellte Blätter, die herrlich nach Zitrone duften.

Eine kleine Auswahl an Geschmacksrichtungen

Name	Blatt-Duft	Höhe
Pelargonium capitatum 'Attar of Roses'	Rose, intensiv	50 cm
Pelargonium × citriodorum 'Prince of Orange'	Orange	50 cm
Pelargonium crispum 'Cinnamon'	Zimt	50 cm
Pelargonium crispum 'Peach Cream'	Pfirsich	30 cm
Pelargonium fragrans	Fichtennadel	20 cm
Pelargonium grossuleriaides	Kokos	50 cm
Pelargonium odoratissimum	Apfel	20 cm
Pelargonium scabrum 'Mabel Grey'	Zitrone, sehr intensiv	60 cm
Pelargonium tomentosum 'Chocolate Peppermint'	Minze, Kirschwasser	30 cm
Pelargonium × unique 'Madame Nonin'	Aprikose	50 cm
Pelargonium × unique 'Karotte'	Karotte	50 cm

Duftpelargonien stehen bevorzugt im Kräutergarten

Obwohl Duftpelargonien dauerhafte Schmuckpflanzen sind, werden sie häufig den Kräutern zugeordnet. Ihre Blätter riechen nach Kräutern, Gemüse und Früchten. Sie sind zwar kein Ersatz, enthalten aber viele wertvolle Bitterstoffe. Pelargonienblätter werden häufig als Geschmacksverstärker für Desserts, Getränke, Tees, für die Eiszubereitung und zum Aromatisieren von Zucker verwendet.

Damit sich Duftpflanzen gut entwickeln können, brauchen sie einen sonnigen Standort in gut durchlässiger, nährstoffreicher Erde. Eine gute Dränage ist absolut lebensnotwendig; Staunässe wird nicht toleriert und würde rasch zu Wurzelfäule führen. Regelmäßiges Gießen und Düngen ist allerdings erforderlich. Im Garten werden die robusten und wuchsfreudigen Pflanzen am besten im Kräuterbeet platziert – idealerweise in einem Topf oder Kübel, denn sie sind nicht forsthart und müssen zur Überwinterung ins Haus geholt werden: Optimal ist ein heller Platz mit 5 bis 10 °C. Vor dem Einwintern können die Pflanzen um etwas mehr als die Hälfte zurückgeschnitten werden, wodurch sich viel Platz sparen lässt.

Pflanzen-Treppen lösen Platzprobleme

Mit dem richtigen Mobiliar präsentieren Sie Ihre Pflanzen auf jedem Balkon, ganz gleich welcher Größe. Je kleiner die zur Verfügung stehende Fläche ist, umso erfinderischer muss man natürlich werden. Eine gute Möglichkeit, Pflanzen und einen Sitzplatz unter einen Hut zu bekommen, sind in erster Linie „Platzsparmöbel". Dazu gehören Klapptische (die an der Wand festgedübelt werden), Klappstühle, die man nur bei Bedarf benutzt und Pflanzen-Treppen beziehungsweise Pflanzen-Etageren. Damit lässt sich im wahrsten Sinne des Wortes hochstapeln, auch wenn der Platz knapp ist. Dazu die Etagere, Blumentreppe oder ein schmales Regal direkt an die Wand oder, wenn es ein Eckregal ist, in die Ecke rücken. Denn

Schön hochgestapelt: Rosmarin, Lavendel, Currykraut mit Salbei, darunter eine Amphorenschale aus Terrakotta mit dreierlei Salbei und rechts daneben würzige Petersilie.

Für kleine Balkone und überall, wo es eng zugeht, sind Etageren, Eckregale, Pflanzen-Treppen und Wandborde optimal. Die Kräuter können sich so prima nach dem Sonnenlicht recken.

Kräuter sind sonnenhungrig und entwickeln sich nur an einem Platz an der Sonne wirklich gut. Deshalb beim Aufstellen der Pflanzen darauf achten, dass diese möglichst viel Licht abbekommen, was sich besonders bei überdachten oder nach innen liegenden Balkonen und Terrassen als schwierig erweist. Etwas Licht gewinnen Sie auch, wenn Sie Wände und, falls vorhanden, die Decke weiß streichen und auf gedeckte Farben verzichten.

Das überaus praktische wie dekorative Klapp-Mobiliar gibt es in unterschiedlichen Stilrichtungen und Materialien (Holz, Metall, Kunststoff). Das Angebot ist immens groß, entsprechend staffeln sich auch die Preise. Am günstigsten sind Selbstbausätze aus Holz, ohne Schnörkel und noch unbehandelt. Letzteres hat auch seinen Vorteil: Man hat so die Möglichkeit, die Farbe selbst zu bestimmen (Foto Seite 27). Allerdings:

Vor dem Streichen das Grundieren nicht vergessen und unbedingt wasserfeste Farbe verwenden! Zusätzlich lassen sich originelle Deko-Ideen relativ fix mit Hilfe von Schablonenmalerei oder mit der Serviettentechnik realisieren.

Lieblingskräuter bevorzugen

Wenn das Mobiliar steht und es ans Einrichten geht, platzieren Sie die Pflanzen möglichst so, dass ihre Grundbedürfnisse nach Licht annähernd erfüllt werden. Falls Sie Kräuter neu kaufen, bevorzugen Sie zunächst Ihre persönlichen Lieblingspflanzen und geben Sie sie mit einer guten Dränage in einen schicken Übertopf. Das Sortiment der Sonnenanbeter ist im Vergleich zu den Schattenverträglichen immens groß.

Kräuter, die mit wenig Sonne auskommen

Die Auswahl der Würz- und Heilpflanzen, die im Halbschatten und noch dazu im Topf gut gedeihen, ist recht übersichtlich. Wirklich empfehlen kann ich Ihnen lediglich die folgenden Arten:

Borretsch (*Borago pygmaea*) – eine ausdauernde Art, die eigentlich auf Sardinien und Korsika zu Hause ist. Sie hat einen leicht überhängenden Wuchs und wird nur 20 cm hoch.

Krause Petersilie (*Petroselinum crispum* ssp. *crispum*) – beliebtes Küchenkraut, Rosetten bildend, wird 25 bis 35 cm hoch.

Pimpinelle (*Sanguisorba minor*) – anspruchslose Pflanze mit langen Wurzeln, daher ist ein tiefer Topf notwendig. Junge Blätter laufend ernten.

Kardamom (*Elettaria cardamomum*) – Würzpflanze, besonders für asiatische Gerichte, Backwaren und Teemischungen. Diese Liebhaberpflanze hat einen großen Platzbedarf und ist daher nur für sehr große Töpfe oder für Terrassenbeete geeignet. Kardamom wird im Topf 80 bis 120 cm hoch, wächst ausladend und mehrjährig. Im Winter braucht das Gewürz ein frostfreies Quartier bei 8 bis 13 °C.

Durch ihren rosafarbenen Anstrich ergänzt sich die Holzetagere wunderbar mit den bonbonfarbenen Weidengefäßen (mit Folie ausgeschlagen und wetterfest lackiert). Salbei, Rosmarin, Zitronen-Thymian, Liebstöckel, Petersilie und Currykraut fühlen sich darin sichtbar wohl.

Kleiner Aufwand, große Wirkung

Dank der Rollen kann dieses Kräuterbeet kinderleicht zum Licht gedreht werden, das fördert den gleichmäßigen Wuchs der Pflanzen. Zur Beschriftung der Tonscherben einen wasserfesten, für Ton geeigneten Stift verwenden.

Ob Sie nun Ihrer Kräuterecke etwas Mittelmeerflair verleihen möchten oder mehr für klassischen Landhaus-Look schwärmen, spielt keine Rolle. Machbar ist selbst auf kleinstem Raum fast alles. Pflanzen-Basics für die mediterrane Variante sind Rosmarin, Thymian, Oregano, Salbei, Basilikum und Lorbeer. Ergänzend dazu passen Zitrusgewächse, *Bougainvillea* und andere farbenfrohe Kübelpflanzen. Den ländlichen Stil verkörpern Petersilie, Kapuzinerkresse, Ringelblumen, Borretsch, Estragon und Schnittlauch sowie dekorative Gemüse wie Tomaten, Paprika, Palmkohl und bunter Mangold.

Liebevolle Details

Doch die richtigen Pflanzen allein reichen nicht aus, zur Abrundung bedarf es auch ein paar typischer Accessoires. Reich verzierte Terrakottatöpfe, eine Amphore, bunt glasierte Töpferware oder steingefließte Böden spiegeln das Leben im Süden wider. Auch Pinienzapfen, Putten und Wasserspiele stehen für mediterrane Lebensart. Es gibt sie in einer unendlichen Vielfalt. Entsprechend unterschiedlich gestalten sich die Preise.

Beim Kauf von menschlichen oder tierischen Figuren sollten Sie unbedingt auf die Ausstrahlung der Gesichter achten: Je liebevoller der Blick, umso mehr werden Sie sie mögen. Ähnlich ist es auch bei Tieren: Je detailgenauer sie gearbeitet sind, umso schöner ist die Wirkung.

Ein Bodenbelag aus Holz, dazu Körbe, Flechtwerk und Pflanzgefäße aus schnörkellosem Ton, Tischdecken, Kissen und Servietten mit Blumenmotiven, Hängeampeln mit farbenfrohen Petunien und opulente Sträuße mit Zinnien, Rosen, Lavendel, Katzenminze, Malven oder Glockenblumen und

EXPERTEN-TIPP

Einzelkräuter kommen im Topf noch schöner zur Geltung, wenn Sie ihn vorher mit wetterfester Farbe bunt anmalen, z. B. im Streifen-Look, oder mit Serviettentechnik verzieren. Ganz wichtig: Sorgen Sie für einen guten Wasserabfluss, sonst gehen die Pflanzen ein.

einem Windlicht als Tischschmuck stehen dagegen für ländliches, rustikales Ambiente.

Kräutergarten im Holzkasten

Der grün-weiße Kasten auf der linken Seite oben ist ein super Beispiel, was man mit etwas Geduld und Fantasie alles selber machen kann. Gekauft wurde er als naturfarbener, großer Holzkasten. Danach wurde das Material etwas aufgeraut, grundiert und zweimal mit weißer Farbe innen und außen gestrichen. Für die Buchstaben wurden zunächst Schablonen aufgeklebt und die Farbe mit einem Schwämmchen aufgetupft. Zu guter Letzt bekam der Kasten vier Rollen verpasst, damit Standortveränderungen nicht zum Kraftakt werden. Bevor die Erde eingefüllt und der Kasten bepflanzt wurde, hat man ihn mit einer passgenauen Kunststoff-Pflanzschale (Gartencenter) ausgestattet.

Namensschilder und andere Topfstecker

Auf diesen beiden Seiten sehen Sie in erster Linie Namensschilder beziehungsweise Topfstecker für kleinere Pflanzgefäße. Falls Sie richtig große Kübel ins Rampenlicht stellen möchten, besorgen Sie sich bunte Windräder oder Glaskugeln zum Aufstecken, die

Fast scheint es so, als könnte man den Duft der Pfefferminze, des Zitronen-Thymians und der Indischen Minze riechen. Die Namensstecker wurden mit einem wasserfesten Stift beschriftet.

Wunderbare Kräuter, ein abwaschbarer Kunststoffkorb und selbst gebastelte Sticker – was für ein geschmackvolles Geschenk!

Sie dann direkt zu den Pflanzen ins Gefäß platzieren oder danebenstellen.

Deko-Ideen gibt es wirklich unendlich viele – zum Kaufen und zum Nachmachen. Wenn Sie es nostalgisch lieben und gerne mal etwas Selbstgebasteltes verschenken möchten, hier noch ein Selbermach-Tipp für Namensschilder. Das brauchen Sie dazu: terrakottafarbenes Keramik-Gießpulver und vier oder fünf nicht zu kleine (wegen der Beschriftung!) Relief-Gießformen aus Kunststoff oder Latex, einen kleinen Schwamm, cremeweiße Acrylfarbe, Holzstäbe zum Befestigen der Reliefs, einen wasserfesten Filzstift (Hobbybedarf oder Bastelladen). So wird's gemacht: Keramik-Gießpulver nach Anleitung anrühren, die Masse in die Gießformen verteilen und gut aushärten lassen. Danach weiße Farbe mit dem Schwamm auf den gemusterten Reliefrand tupfen und nach dem Trocknen einen Holzstab auf die Rückseite des Reliefs kleben und beschriften.

Kräuter frisch von der Fensterbank

Gedeihen Kräuter auf der Fensterbank? Eine Frage, die sich spätestens zum Saisonende jeden Herbst neu stellt. Ja, es gibt welche, aber zuviel dürfen wir davon nicht erwarten, besonders nicht das würzig-frische Aroma des Hochsommers.

Schnittlauch und Schnitt-Knoblauch lassen sich so vorbereiten, dass man sie den Winter über gut ernten kann. Dazu ist es allerdings notwendig, dass man ein paar stattliche Pflanzen im Herbst aus dem Boden oder dem Kübel nimmt, zurückschneidet, den Wurzelballen je nach Größe teilt oder gar viertelt und draußen liegend kräftig durchfrieren lässt. Falls es keinen Frost gibt, die Wurzelstücke in Gefrierbeutel packen, gut verschließen und ein paar Tage in der Gefriertruhe durchfrieren lassen. Danach in frische Erde setzen, gießen und auf der hellen Fensterbank antreiben. Nach der Ernte die Pflanze wieder draußen im Freien platzieren. Im Wintergarten oder an einem hellen Fensterplatz kann man auch Kresse (siehe Tipp) aussäen und einen Versuch mit Senf, Rucola, Dill oder Kerbel starten. Sie lassen sich leicht aussäen und keimen auch recht schnell. Die besten Voraussetzungen sind Licht und Wärme.

EXPERTEN-TIPP

Kresse gedeiht nahezu überall, wenn Sie nur hell und feucht genug steht. Am besten säen Sie sie in kleinen Schalen auf ein wenig Erde oder auf nassem Zellstoff aus. Bis zur Keimung mehrmals täglich mit Wasser besprühen und bis zum Verzehr feucht halten.

Kräuter-Raritäten fürs Zimmer

Es gibt mittlerweile allerdings eine beachtliche Auswahl an Pflanzen, die als Zimmerkräuter angeboten werden. Dazu gehören Zitronengras (*Cymbopogon citratus*), Moujean-Tee (*Nashia inaguensis*), Mexikanischer Oregano (*Poliomintha longiflora*), Süßkraut (*Stevia rebaudiana*), Zimmerknoblauch (*Tulbaghia violacea*), Kardamom (*Elettaria cardamomum*) sowie die Echte Aloe (*Aloea vera*).

An einem hellen Fenster fühlen sich diese mediterranen Kräuter durchaus einige Zeit wohl. Von links nach rechts: Basilikum, Oregano und Rosmarin.

Praxis

Standort, Gefäße, Pflanzung & Co.

Viele Kräuter eignen sich sehr gut für die Topfkultur und zieren Fensterbänke, Balkone und Terrassen. Gärtnereien, Saatgutfachhändler und Gartenmärkte bieten eine unüberschaubare Anzahl an Arten, schönen Gefäßen, Erden und Zubehör an. Kräuterraritäten erhalten Sie in ausgesuchten, auf Kräuter spezialisierten Versandgärtnereien (siehe Seite 91).

Bei der Auswahl der Pflanzen sollten Sie auf Gesundheit und hohe Qualität achten: zahlreiche kräftige Austriebe, gesund aussehende Blätter und eine gute Durchwurzelung des Erdballens.

EXPERTEN-TIPP

Große Gefäße werden am besten mit ein- und mehrjährigen Kräutern gemischt bepflanzt. So können die mehrjährigen Kräuter in ausreichend großen Abständen gepflanzt werden und die einjährigen füllen die entstandenen Zwischenräume.

Der beste Platz

Die Mehrzahl der Kräuter bevorzugt einen sonnigen oder wenigstens nachmittags besonnten, warmen und windgeschützten Standort. Besonders geeignet sind Plätze vor Haus- oder Trennwänden; wärmeliebende Kräuter profitieren hier von der tagsüber gespeicherten Sonnenwärme. Liegt die Terrasse allzu zugig, können niedrige Schutzhecken oder Mauern empfindliche Pflanzen vor Wind schützen. Als Heckenpflanzen eignen sich vor allem Halbsträucher wie Lavendel, Salbei, Ysop, Andorn oder Weinraute.

Auf Kräuter spezialisierte Gärtnereien handeln mit gesunden, kräftigen Pflanzen, können umfassend beraten und führen meist große Sortimente.

Die Qual der Wahl – der passende Topf

Wichtige Vorrausetzungen für ein gesundes Pflanzenwachstum sind ausreichend große Pflanzgefäße und die Auswahl der richtigen Erde. Pflanzgefäße gibt es in unterschiedlichen Größen, Formen und Materialien. Die Größe der benötigten Töpfe lässt sich leicht aus der zu erwartenden Größe der Pflanze ableiten. Als Faustregel gilt, dass das Wurzelvolumen einer Pflanze kaum geringer ist als die dazu gehörenden oberirdischen Pflanzenteile. Für eine 40 bis 60 cm hohe Pflanze wird ein Gefäß mit einem Durchmesser von 18 bis 22 cm benötigt. Besonders geeignet sind Tontöpfe, Holz- oder Keramikgefäße, Körbe und Balkonkästen. Beim Einsatz von Kunststofftöpfen ist darauf zu achten, dass die Wurzeln der Pflanzen ausreichend belüftet werden können. Um für die Pflanzen schädliche Staunässe zu vermeiden, müssen die Gefäße im Boden ausreichend große Löcher haben.

Besonders wichtig – die richtige Erde

Kräuter haben teilweise sehr unterschiedliche Ansprüche an die Erde, in der sie wachsen. Für die Vermehrung muss eine nährstoffarme Aussaaterde verwendet werden. Zur Weiterkultur ist in den meisten Fällen eine strukturstabile, ausreichend gedüngte

Topferde die beste Wahl. Die in ihr enthaltenen Nährsalze versorgen die Pflanzen in der Regel einen Monat lang; anschließend wird regelmäßig flüssig nachgedüngt.
Mittelmeerkräuter wie Rosmarin, Thymian oder Salbei lieben Trockenheit und benötigen magere, durchlässige Erde. In diesem Fall wird der Topferde Sand beigemischt. Andere Kräuter wie Zitronen-Melisse oder Pfefferminze lieben es feuchter; für diese Pflanzen wird eine Erde benötigt, die sehr strukturstabil ist und möglichst wenig schimmelt.

So wird gepflanzt

Sobald die Frühjahrssonne ausreichend Wärme abgibt, können die Kräutertöpfe bepflanzt werden. Achten Sie darauf, dass für alle Pflanzen ein ausreichend sonniger Platz zur Verfügung steht, die gekauften Gefäße ausreichend groß sind und Sie die richtige Erde – frisch, strukturstabil und nahrhaft – besorgt haben. Werden gebrauchte Gefäße verwendet, müssen diese vor dem Bepflanzen gereinigt und am besten auch desinfiziert werden. Um zu verhindern, dass Erde aus den Löchern im Boden der Töpfe rieselt, werden diese mit Kieselsteinen oder Tonscherben abgedeckt. Anschließend werden die Töpfe zur Hälfte mit Erde gefüllt. Jetzt können die ausgetopften Jungpflanzen in den Gefäßen verteilt werden.
Wichtig ist es, darauf zu achten, dass stark wüchsige, einjährige Pflanzen einzeln oder in ausreichend großen Gefäßen kombiniert gepflanzt werden. Mehrjährige, etwa gleich große Kräuter können gut zusammengepflanzt werden. Gut bewahrt haben sich Kombinationen von Halbsträuchern wie Thymian, Salbei und Lavendel mit einjährigen Pflanzen, beispielsweise Basilikum. Werden die Halbsträucher später größer, pflanzt man einfach im Frühsommer keine Einjährigen mehr nach.
Sind alle Pflanzen in den Töpfen gut verteilt, werden diese mit Erde bis zum Rand aufgefüllt. Durch anschließend leichtes Andrücken entsteht ein ausreichend hoher Gießrand. Zum Schluss wird die Erde kräftig und durchdringend gegossen.

Vor dem Füllen von Töpfen oder Kästen werden die Löcher im Boden abgedeckt. So fließt überflüssiges Wasser ab und die Erde bleibt im Gefäß.

Jetzt kann Erde eingefüllt werden. Das Gefäß zur Hälfte füllen und die Erde leicht andrücken.

Kräuter einsetzen und Töpfe, unter Berücksichtigung eines kleinen Gießrandes, mit Erde füllen.

Kräuter vermehren durch Aussaat

Saatkisten mit fein gesiebter Aussaaterde füllen. Anschließend wird gesät.

Die meisten Kräuter lassen sich gut durch Aussaat vermehren. So kommt man preisgünstig zu einer großen Anzahl von Jungpflanzen. Der Nachteil ist, dass gerade mehrjährige Pflanzen im ersten Jahr wenig Zuwachs verzeichnen und selten zur Blüte kommen. Für die Aussaat benötigen Sie gesundes Saatgut, geeignete Gefäße, Aussaaterde (Fachhandel) und einen gut temperierten Platz auf der Fensterbank oder im Wintergarten.

Das richtige Zubehör

Für ein gesundes Pflanzenwachstum sollte stets frisches Saatgut verwendet werden, denn überlagertes Saatgut verliert an Keimfähigkeit. Der Anfänger ist gut beraten, Saatgut im Fachhandel zu erwerben. Das aufgedruckte Verfallsdatum garantiert die Qualität. Der erfahrene Kräuterliebhaber wird sein Saatgut später auch selbst ernten.

Ausgesät wird in Anzuchterde; sie ist fein gesiebt, hat einen hohen Humusanteil und enthält wenig Nährstoffe. Verwenden Sie sterilisierte Erde, dann werden Sie später weniger Probleme mit Pflanzenkrankheiten und Wildkräutern haben. Als Aussaatgefäße können Kisten, Schalen und auch Töpfe dienen. Sie sollten neu gekauft oder zumindest gut gereinigt und desinfiziert worden sein.

Die Aussaat – Schritt für Schritt

Wichtige Grundlage für eine erfolgreiche Aussaat ist das Wissen um das Keimverhalten des Saatgutes. Es wird zwischen Licht- und Dunkelkeimern sowie Frostkeimern unterschieden. Lichtkeimer keimen nur bei Tageslicht, Dunkelkeimer keimen im Dunkeln, zum Beispiel unter einer Erdschicht. Frostkeimer benötigen nach dem Quellen des Saatguts eine lange Kühlphase. Sie werden im Herbst ausgesät und können im Freiland überwintern. Im Frühjahr werden die Gefäße reingeholt, denn auch Frostkeimer benötigen zum Wachstum ausreichend Wärme.

Das Auslegen von Saatbändern ist besonders einfach. So kann Saatgut eingespart werden und die Keimlinge wachsen mit genügend Abstand.

Ist das Saatgut aufgelaufen, benötigen die Jungpflanzen schnell mehr Platz. Für ein gesundes Wachstum müssen die Pflänzchen vereinzelt (pikiert) werden. Pikiert wird in Kunststoffschalen oder gleich in ausreichend große Töpfe.

Nach dem Pikieren werden die Jungpflanzen gut gegossen. Häufig verletz man beim Pikieren Wurzeln; hohe Luftfeuchtigkeit hilft der Pflanze, sich zu regenerieren. Anfangs sollten Sie die Pflanzen mehrmals täglich mit Wasser besprühen.

Der erste Schritt ist die Vorbereitung des Saatbeets. Dazu die Gefäße mit Erde füllen, diese glatt streichen, andrücken und mit einer feinen Brause gut anfeuchten. Um später Verwechslungen der Pflanzen zu vermeiden, werden Etiketten mit Pflanzennamen und Aussaatdatum verteilt. Jetzt kann die Aussaat erfolgen. Streuen Sie das Saatgut sparsam, denn aus fast jedem Saatkorn wächst später eine Pflanze. Nach der Aussaat wird das Saatbeet mit Erde abgedeckt. Die Erdschicht darf nicht dicker sein als das darunterliegende Saatkorn. Sehr feines Saatgut kann man auch mit Papier abdecken. Ausnahme: Die Saatbeete von Lichtkeimern nicht mit Erde abdecken! Zum Schluss wird noch einmal vorsichtig gegossen.

Fast alle Kräuter werden im zeitigen Frühjahr ausgesät und in Räumen mit möglichst gleichbleibenden Temperaturen aufgestellt. Idealer Standort ist ein warmes Gewächshaus, ein Wintergarten oder die Fensterbank eines geheizten Raumes, dessen Temperatur nicht unter 16 °C liegen sollte.

Das ist beim Pikieren wichtig!

Kräuter keimen und wachsen unterschiedlich schnell. Wird es im Saatgefäß zu eng, müssen die Jungpflanzen vereinzelt, das heißt pikiert werden. Pikiert wird in Torfquelltöpfe, Pikierkisten oder kleine Töpfe mit Aussaaterde. Normale Balkonpflanzenerde enthält zu viele Nährsalze, die die jungen Wurzeln schädigen würden. Die Pikiergefäße werden mit Erde gefüllt, die leicht angedrückt und gut durchfeuchtet wird. Anschließend drückt man in ausreichend großen Abständen mit einem Pikierholz oder auch mit einem Bleistift Löcher in die Erde. Die Jungpflanzen werden vorsichtig aus dem Saatbeet gehoben, ohne die Wurzeln dabei zu verletzen. Bei Bedarf kürzt man lange Wurzeln etwas ein. Jeweils eine Jungpflanze wird in ein Pflanzloch gehalten und mit dem Pikierstab vorsichtig angedrückt, ohne die Wurzeln abzuknicken. Zum Schluss gießt man die Pflanzen an und stellt sie an ihren warmen Platz zurück. Nach den letzten Frösten werden sie ausgepflanzt.

Stecklinge, Absenker & Co.

Viele Kräuter kommen bei uns selten zur Blüte und setzen daher keine Samen an. Andere blühen reich, produzieren aber nur sterile Samen. Zahlreiche Kulturformen (Hybriden) sind Kreuzungen, die selbst bei Fruchtreife kein sortenreines Saatgut bilden können. All diese Kräuter werden vegetativ vermehrt, d. h. durch Stecklinge, Ausläufer, Absenker oder durch Teilung des Wurzelballens. Die so vermehrten Jungpflanzen haben immer dieselben Eigenschaften wie ihre Mutterpflanzen.

EXPERTEN-TIPP

Das ideale Schnittwerkzeug ist das Stecklingsmesser, ein Messer mit einseitig geschliffener Klinge. Richtig angewendet, kann man sauberere Schnitte schneiden, ohne das Pflanzengewebe zu quetschen.

DER STECKLING – DAS SOLLTE MAN WISSEN

Die Vermehrung durch Stecklinge ist die effektivste Form der vegetativen Vermehrung. Jede Pflanze liefert zahlreiche Kopf-, Teil- oder Blattstecklinge. Sie fallen beim Rückschnitt an oder werden im Frühsommer geschnitten. Kopfstecklinge sind Triebspitzen von Zweigen mit drei bis vier Blattpaaren; Teilstecklinge sind die darunterliegenden Teile des Triebes. Kopf- und Teilstecklinge können nur verwendet werden, wenn sie gut ausgewachsen und nicht verholzt sind. Alle Stecklinge müssen frisch geschnitten und frei von Krankheiten sein.

Für die Stecklingsvermehrung wird ausschließlich nährstoffarme Aussaaterde verwendet, Nährsalze würden die jungen Wurzeln verbrennen. Ist die Erde zu humusreich, kann für den besseren Wasserabzug ein wenig Sand untergemischt werden. Neue oder gereinigte und desinfizierte gebrauchte Gefäße werden mit Erde gefüllt. Diese wird leicht angedrückt und ausreichend gewässert. Anschließend werden die Stecklinge vorsichtig in die Erde gesteckt und gut angedrückt. Verwenden Sie sehr weiche Stecklinge, dann bohren Sie Löcher mit Holzstäben vor. Verwenden Sie verholzte Stecklinge, behandeln Sie den Steckling mit Bewurzelungshormonen.

Zahlreiche Kräuter wie Rosmarin werden durch Stecklinge vermehrt. Die Stecklinge werden von der Mutterpflanze abgeschnitten und vorsichtig in mit Aussaaterde gefüllte Töpfe gesteckt.

Stecklinge verdunsten auch Wasser, wenn sie noch keine Wurzeln gebildet haben. Das schnelle Welken von Stecklingen kann durch Abdecken der Töpfe mit Glas oder Klarsichtfolie vermieden werden.

Vermehrung durch Absenker

Stark verholzende Pflanzen kann man einfach durch Absenker vermehren

1. *Gut geeignet sind die äußeren Triebe. Triebe flach anschneiden, Schnittstelle anschließend mit einem Hölzchen fixieren.*
2. *Ausgewählten Trieb nach unten biegen und mit einem Draht in der Erde befestigen.*
3. *Nach wenigen Wochen ist der Absenker bewurzelt und kann vorsichtig von der Mutterpflanze abgetrennt werden.*
4. *Die Jungpflanze wird eingepflanzt und gut angegossen.*

Alle Stecklinge werden vorsichtig angegossen. Anschließend überprüft man, ob alle Pflanzenteile fest in der Erde sitzen. Zum raschen Bewurzeln ist guter Bodenkontakt unbedingt erforderlich. Auch unbewurzelte Stecklinge verdunsten viel Wasser, sorgen Sie bitte für hohe Luftfeuchtigkeit. Dieses gelingt am einfachsten durch Abdecken der Stecklingskisten mit Glas oder durchsichtigen Kunststoffhauben. Töpfe werden mit Gläsern oder einfach mit Hauben aus Gefrierbeuteln abgedeckt. Zum Bewurzeln benötigen Stecklinge warme, helle, nicht sonnige Plätze. Sind die ersten Wurzeln gewachsen, werden die Pflanzen jeden Tag ein wenig gelüftet. Das härtet sie ab. Jeden Tag lüftet man etwas länger und nach einer Woche kann die Abdeckung ganz entfernt werden.

Absenker und Teilung – die schnelle Art

Zahlreiche Kräuter sind stark wüchsig und lassen sich durch Absenker vermehren (siehe Kasten). Dazu wählen Sie einen geeigneten Seitentrieb und ritzen Rinde und Holz durch einen sauberen Schnitt an. Anschließend biegen Sie den Trieb vorsichtig nach unten und fixieren Sie die angeritzte Stelle in einem Topf mit Erde. Zum Schluss wird der Absenker gut mit Erde abgedeckt, die immer feucht gehalten werden muss. Nach einiger Zeit sind an der Schnittstelle ausreichend neue Wurzeln getrieben. Jetzt wird der Absenker endgültig von der Mutterpflanze abgetrennt.

Viele unserer mehrjährigen Kräuter kann man einfach durch Teilung des Wurzelballens vermehren. Das ergibt sehr schnell starke Pflanzen. Bester Zeitpunkt dafür ist beim Umtopfen im Frühjahr.

Einige Kräuter lassen sich durch Ausläufer vermehren. Diese Art der Vermehrung kann während der ganzen Vegetationsperiode erfolgen. Dazu werden die aus dem Topf wachsenden Ausläufer in mit Erde gefüllten Töpfen fixiert und nach dem Bewurzeln von der Mutterpflanze abgetrennt.

So lassen sie sich leicht vermehren

Anisysop	Aussaat, Stecklinge, Teilung
Basilikum	Aussaat
Dill	Aussaat
Estragon	Stecklinge, Absenker
Lavendel	Aussaat, Absenker
Lorbeer	Stecklinge
Oregano	Aussaat, Teilung
Pfefferminze	Stecklinge, Ausläufer, Teilung
Rosmarin	Stecklinge
Salbei	Aussaat, Stecklinge
Schnittlauch	Aussaat, Teilung
Thymian	Aussaat, Stecklinge
Zitronen-Melisse	Aussaat, Teilung

Gute Pflege für beste Ernten

Für ein gesundes Wachstum benötigen Topf-Kräuter den richtigen Standort, ausreichend große Gefäße, ihren Bedürfnissen angepasste Erde und fachkundige Pflege. Regelmäßige Wasserversorgung und ausreichende Pflanzenernährung sind dabei von besonderer Bedeutung.

Richtiges Gießen ist das A und O: Sobald der Erdballen ausgetrocknet ist, wird mit abgestandenem Wasser kräftig und durchdringend gegossen.

GIESSEN – ABER RICHTIG

Eine ausreichende Wasserversorgung ist unerlässlich für den Nährstofftransport, den Erhalt der Pflanzengestalt, den Stoffwechsel und zur Kühlung von Blättern und Blüten. Topfpflanzen können nur in einem eng begrenzten Raum wurzeln, daher ist das regelmäßige Gießen besonders wichtig. Nicht jeder Topf muss ständig nass gehalten werden, viel wichtiger ist es, auf die Bedürfnisse der einzelnen Pflanzenarten einzugehen. Es gibt Kräuter, die mit extrem trockenen Standorten gut zurechtkommen wie Thymian und Kräuter, die viel Wasser benötigen, wie Pfefferminze. Die Mehrzahl der Kräuter benötigt gut durchfeuchtete Blumenerde, die gelegentlich auch mal austrocknen darf. An die Qualität des Gießwassers stellen Kräuter keine besonderen Ansprüche, allerdings sind sie für Regenwasser dankbar. Zum Versorgen von wenigen Töpfen reicht eine mit abgestandenem Wasser gefüllte Gießkanne, zum Gießen von vielen Töpfen ist es sinnvoll, eine Regentonne aufzustellen. Wo dies nicht möglich ist, kann auch ein Gartenschlauch mit Gießgerät zum Einsatz kommen. Gegossen wird am besten am Vormittag, in der heißen Mittagszeit können Wassertropfen Verbrennungen auf Blättern und Blüten verursachen. Wichtig ist es, die Töpfe durchdringend zu gießen und anschließend wieder austrocknen zu lassen. Die Wurzeln werden so immer mit ausreichend Wasser und auch Luft versorgt. An heißen Sommertagen kann es notwendig sein, nachmittags oder abends ein zweites Mal zu gießen.

Automatische Bewässerungssysteme versorgen die Pflanzen über einen längeren Zeitraum mit einer genau dosierten Wassermenge.

Stehen die Töpfe auf Untersetzern, so ist darauf zu achten, dass diese zumindest bei kühleren Temperaturen nach dem Gießen wieder ausgeleert werden, denn die meisten Kräuter vertragen keine Staunässe.

Düngen nicht vergessen!

Beim Nährstoffbedarf haben Pflanzen sehr unterschiedliche Ansprüche. Die meisten Kräuter bevorzugen eine nährstoffreiche, humose Erde, mediterrane Kräuter wie Thymian und Rosmarin lieben eher magere, sandige Böden. Alle Topfpflanzen müssen spätestens vier Wochen nach dem Einpflanzen oder Umtopfen nachgedüngt werden, die Nährstoffe der Erde sind dann in der Regel verbraucht.

EXPERTEN-TIPP

Für Kräuterfans, die oft unterwegs sind, bieten sich automatische Bewässerungssysteme wie Blumat an. Die Pflanzen können so über längere Zeiträume mit einer genau dosierten Menge Wasser versorgt werden.

Sollen Kräuter für die Küche geerntet werden, muss man sich zum Thema Düngung einige grundlegende Gedanken machen: Die meisten handelsüblichen Dünger sind ausgewogen zusammengesetzte Volldünger, d. h. Hauptnährstoffe und Spurenelemente sind in einem für das Pflanzenwachstum günstigen Verhältnis vorhanden. Diese Düngemittel haben in der Regel einen hohen Stickstoffanteil. Stickstoff fördert die Chlorophyllbildung und damit auch das Pflanzenwachstum. Ein Zuviel an Stickstoff bedeutet aber, dass die Kräuter zwar schnell wachsen und gesund aussehen, aber wenig Inhaltstoffe bilden, d. h. Aroma und Geschmack gehen verloren. Darüber hinaus verzögert zu viel Stickstoff die Blütenbildung, ein Nachteil für Kräuter, deren Blüten und Früchte geerntet werden sollen. Nachgedüngt werden muss aber in jedem Fall; nur auf die Düngermenge kommt es an.

Die einfachste Methode ist das flüssige Nachdüngen mit dem Gießwasser. Ein handelsüblicher, organisch-mineralischer Flüssigdünger für Balkonpflanzen ist völlig ausreichend. Der Dünger wird während der Wachstumszeit einmal wöchentlich dem Gießwasser zugegeben. Die Kräutertöpfe werden mit dieser Lösung durchdringend gewässert. Werden Blätter oder Blüten beim Gießen mit Nährlösung benetzt, so sind diese gründlich mit klarem Wasser abzuspülen. Kräuter, die schnell blühen sollen oder deren Blätter bald geerntet werden, düngen Sie in größeren Abständen oder mit reduzierter Menge.

Eine gute Alternative sind Volldünger zum Ausstreuen. In den meisten Fachgeschäften können Sie zwischen Wachstums- und Blütendüngern (mit weniger Stickstoff) wählen. Diese Präparate werden auf die Erde gestreut. Sie lösen sich mit dem Gießen auf und versorgen die Pflanzen mit Nährstoffen.

Eine Alternative für alle, die an Düngung nicht so oft denken wollen: Langzeitdünger lassen Ihre Kräuter mit einer einmaligen Gabe den ganzen Sommer lang wachsen. Große Akzeptanz erfährt seit einiger Zeit die Verwendung von Düngerstäbchen. In diesen Stäben ist eine genau definierte Nährstoffmenge gebunden, die nach ihrem Einsatz langsam an die Erde abgegeben wird.

Halbsträucher wie Salbei werden im Austrieb etwas zurückgeschnitten. Die Pflanze verzweigt sich besser und wird schön buschig.

Viele mediterrane und exotische Kräuter sind nicht winterhart und benötigen ein geeignetes Winterquartier. Der ideale Ort ist ein Gewächshaus oder temperierter Wintergarten.

Für jede Pflanze der richtige Schnitt

Form- und Pflegeschnitte sind ein Muss für die meisten Kräuter. Dazu ist das richtige Werkzeug unerlässlich. Gartenmesser und eine gut geschärfte Rosenschere sollten immer bereit liegen.

Die meisten Kräuter wachsen den Sommer über sehr üppig und liefern für die Ernte reichlich Blätter und Blüten. Krautige Pflanzen, zum Beispiel Pfefferminze oder Zitronen-Melisse, werden bei der Ernte vollständig abgeschnitten. Die Kräuter treiben schnell wieder aus und können in der Regel einige Wochen später erneut geerntet werden. Verzichten Sie auf diese Form des Schnittes, blühen Kräuter im Frühsommer und bilden attraktive Fruchtstände. Die Pflanzen können dann, je nach Vorliebe, im Herbst oder im darauffolgenden Frühjahr unmittelbar über dem Topfrand abgeschnitten werden.

Mediterrane Halbsträucher, zum Beispiel Salbei, Ysop oder Lavendel, sind etwas empfindlicher. Überwintert man diese Pflanzen im Freiland, sollte die Ernte unbedingt Anfang September abgeschlossen sein. Die Kräuter benötigen dann eine Ruhezeit von einigen Wochen, um die Schnittwunden der Ernte wieder zu verschließen. Das Einhalten dieser Ruhezeit ist eine wesentliche Voraussetzung für das erfolgreiche Überwintern.

Halbsträucher neigen zum Verholzen und benötigen gelegentlich einen Formschnitt. Dieser darf bis in das alte Holz erfolgen, aber bitte nur im Frühjahr. Die Kräuter treiben nach einigen Wochen wieder aus.

Einige Kräuter werden wegen ihrer Früchte gepflanzt, zum Beispiel Gewürz-Fenchel oder Koriander. Schneidet man diese Pflanzen unmittelbar nach der Ernte vollständig zurück, treiben sie im Folgejahr in der Regel wieder aus.

Die bei uns einjährigen Pflanzen wie Basilikum oder Majoran müssen nach der vollständigen Ernte im Spätsommer oder Herbst entsorgt werden.

Sollen Kräuter nicht geerntet werden, fördert das Abschneiden von alten Blütenständen und trockenen Trieben den frischen Austrieb der Pflanze und führt häufig zum zweiten Blütenflor. Für ein gepflegtes Erscheinungsbild des Topfkräutergartens werden während des ganzen Sommers regelmäßig alle trockenen Pflanzenteile entfernt.

Richtig durch den Winter

Viele unserer Topf-Kräuter sind in wärmeren Regionen zu Hause. Sie benötigen einen geeigneten Winterschutz.

Mehrjährige Mittelmeerkräuter wie Lavendel oder Weinraute können in ihrem Topf im Freiland überwintern. Wichtig ist es, einen windgeschützten Platz für sie zu finden. Bitte achten Sie darauf, dass die Erde nicht über einen längeren Zeitraum ausgetrocknet bleibt oder dass die Pflanze während einer langen Frostperiode verdurstet. Um das Durchfrieren der Töpfe zu verhindern, werden diese mit Fichtenreisig oder Stroh und einem luftdurchlässigen Tuch eingepackt. Dazu eignen sich am besten grobmaschige Ballentücher oder Jutesäcke.

Halbsträucher wie Salbei oder Rosmarin fangen in der ersten Frühjahrssonne an zu treiben und werden dann leider oft durch Spätfröste geschädigt. Diese Pflanzen sind dankbar für eine Abdeckung mit

Fichtenzweigen oder Laub. Zum Fixieren der Abdeckung können ebenfalls Ballentücher verwendet werden.
Stark frostempfindliche exotische Kräuter oder einige mediterrane Kräuter, beispielsweise Frucht-Salbei, Zitronenstrauch oder Lorbeer, benötigen zum Überwintern einen frostfreien, aber hellen Raum. Die Temperaturen dürfen 10 °C nicht übersteigen. Geeignet sind deshalb nichtgeheizte Räume, helle Keller oder auch Treppenhäuser. Diese Pflanzen wachsen auch im Winter und müssen gelegentlich gegossen werden, wobei Staunässe unbedingt zu vermeiden ist. Im Frühjahr werden die Kräuter bei Bedarf umgetopft, in Form geschnitten und dann langsam wieder an das direkte Sonnenlicht gewöhnt. Spätestens ab Mitte Mai, wenn keine Spätfröste mehr zu erwarten sind, können Sie Ihren endgültigen Freiluft-Platz wieder einnehmen.

Krankheiten und Schädlinge – bei mir nicht

Kräuter haben die Eigenschaften ihrer Wildformen nicht verloren und sind daher recht robust. Topf-Kräuter haben nur ein begrenztes Wurzelwachstum. Es ist daher besonders wichtig, die richtige Erde zu verwenden und die Pflanzen entsprechend ihrer Art und Herkunft mit Wasser und Nährstoffen zu versorgen. Wurde der Standort der Kräuter gut gewählt, stehen diese nicht zu eng und werden die Pflanzen immer gut versorgt, ist wenig mit Problemen durch Pflanzenkrankheiten oder Schädlinge zu rechnen. Ihre duftenden oder würzig schmeckenden Inhaltstoffe tragen zusätzlich zur Gesunderhaltung der Kräuter bei. Dennoch kann es bei ungünstiger Witterung zu Problemen durch Schadinsekten oder Pilzerkrankungen kommen. Zur Vorbeugung können Sie Ihre Pflanzen mit Kräuterbrühen, z.B. Schachtelhalmbrühe, stärken.

So können Sie Ihren Kräutern helfen

Häufig sind Fraßspuren an den Blättern zu finden. Die Ursache sind fast immer Raupen oder Schnecken, die sich durch regelmäßiges Absammeln gut reduzieren lassen. Schadinsekten wie Blattläuse oder Erdflöhe kann man am besten mit handelsüblichen, für Mensch und Tier unbedenklichen Spritzmitteln bekämpfen. Der Gartenprofi wird die Kräuter bald mit selbst hergestellten Brühen aus Löwenzahn, Kamille, Beinwell oder Schachtelhalm gegen Schädlinge stärken.

Wermutbrühe kann zum Beispiel direkt gegen Erdflöhe eingesetzt werden.
Ist der Sommer kühl und feucht, ist gerade bei Zitronen-Melisse, Minzen und einigen Salbeiarten mit Pilzkrankheiten wie Mehltau oder Rost zu rechnen. Diese werden am besten durch einen starken Rückschnitt aller befallenen Kräuter bekämpft. Die befallenen Pflanzenteile müssen anschließend gut entsorgt werden, am besten über den Hausmüll.

Blattläuse sammeln sich gern an Sprossspitzen. Ein Rückschnitt zur richtigen Zeit kann helfen.

Gelbtafeln locken Trauermücken und Weiße Fliegen an. Auf der Leimschicht bleiben sie kleben.

Ernten und verwerten – so geht's

Majoran (Origanum majorana) zum Trocknen schneiden, sobald sich kugelige Knospen gebildet haben, sein Aroma ist dann besonders intensiv.

Die Pflanzenfamilie der Würz- und Heilkräuter ist etwas ganz Besonderes. Zum einen ist es ihr Duft, zum anderen ihre unvergleichbare Würzkraft. Wenn Sie behutsam vorgehen, können Sie beides wunderbar einfangen und für später aufbewahren. Die gängigsten Methoden sind das Trocknen und Einfrieren, wobei die Qualität der konservierten Kräuter entscheidend von der raschen Verarbeitung und vom optimalen Erntezeitpunkt der Kräuter abhängt: Ideal ist in jedem Fall vormittags, sobald der Morgentau abgetrocknet ist, und wenn es zuvor zwei, drei Tage nicht geregnet hat. Kräuter, die fürs Trocknen vorgesehen sind, sollten Sie nicht waschen, da sonst zu viele ätherische Öle und somit Aromastoffe verloren gehen.

Trocknen: Zeitaufwendig, aber kinderleicht

Seit alters her werden Kräuter durch Aufhängen an einem schattigen Platz getrocknet. Dafür werden unmittelbar vor dem Aufblühen ganze Zweige oder Triebe mit einer Schere oder einem scharfen Messer abgeschnitten, zu kleinen, lockeren Sträußen zusammengefasst und kopfüber an Schnüren an einem luftigen, warmen und schattigen Ort aufgehängt. Besonders geeignet ist zum Beispiel ein Metallgestell oder Sie spannen eine Schnur unter den Dachvorsprung und hängen die Kräuterbündel daran auf. Auch der Dachboden bietet sich dafür an, sofern es dort nicht zu stickig ist und man ein Fenster öffnen kann. Unter fruchttragende Kräuter wie Anis, Dill, Fenchel, Kümmel oder Koriander muss unbedingt ein sauberes Tuch zum Auffangen der würzigen Samen gelegt werden. Oder Sie stecken die trockenen Blütendolden in eine Papiertüte und beschleunigen durch das Ausschütteln der Samen den Vorgang etwas. Da bei Doldenblütlern nie alle Samen gleichzeitig ausreifen, kann sich der Erntevorgang durchaus hinziehen. So mühsam die Samengewinnung auch ist, das Ergebnis entschädigt für alles. Die Samen vor der Verwendung im Mörser zerstoßen oder in einer Kräutermühle mahlen.

Salbeiblätter bei trockenem Wetter behutsam abzupfen und möglichst schonend trocknen, zum Beispiel mit Hilfe eines elektrischen Dörrapparates.

Kräuter haltbar machen

Name	Trocknen	Einfrieren
Ananas-Salbei (*Salvia elegans*)	Blätter	
Anis (*Pimpinella anisum*)	Blätter, Früchte	
Basilikum (*Ocimum basilicum*)	Blätter	
Dill (*Anethum graveolens*)	Früchte	Blätter
Fenchel (*Foeniculum vulgare*)	Früchte	
Indianernessel (*Monarda didyma*)	Blätter, Blüten	
Kümmel (*Carum carvi*)	Früchte	
Liebstöckel (*Levisticum officinale*)		Blätter
Lorbeer (*Laurus nobilis*)	Blätter	
Majoran (*Origanum majorana*)	Blätter, Früchte	Blätter
Oregano (*Origanum*-Arten)	Blätter	
Petersilie (*Petroselinum crispum*)		Blätter
Pfefferminze (*Mentha × piperita*)	Blätter	
Salbei (*Salvia officinalis*)	Blätter	
Schnittlauch (*Allium schoenoprasum*)		Blätter
Süßkraut (*Stevia rebaudiana*)	Blätter	
Zitronen-Melisse (*Melissa officinalis*)	Blätter	

Das Aroma der Gewürze ist einmalig gut! Das Gleiche gilt übrigens auch für handverlesene Blattkräuter.
Sobald die Kräuter rascheltrocken sind – je nach Wetter nach zwei bis vier Tagen – streift man die Blätter behutsam mit der Hand ab (dabei rascheln sie etwas). Die Aufbewahrung erfolgt lichtgeschützt nach Belieben einzeln oder als Mischung mit anderen Kräutern in verschließbaren Gefäßen. Das Beschriften (Name des Krautes und Abfülltag) nicht vergessen. Die meisten Trockenkräuter behalten mindestens ein Jahr lang ihr Aroma.
Wenn Sie erst einmal auf den Geschmack gekommen sind und viele Kräuter anbauen und trocknen, empfiehlt sich die Anschaffung eines elektrischen Dörrapparates, am besten mit Drahtkörben. Die Blätter, zum Beispiel von Salbei, Pfefferminze, Zitronen-Melisse oder Zitronenstrauch, einzeln und behutsam abzupfen und locker auf den stapelbaren Sieben ausbrei-ten. Der Vorteil: Im Dörrapparat bleibt die Temperatur während des ganzen Trockenprozesses immer gleich.

Wenn es schnell gehen soll: Einfrieren

Basilikum, Bohnenkraut, Dill, Estragon, Kerbel, Liebstöckel, Majoran, Petersilie und Schnittlauch eignen sich prima zum Einfrieren. Der Vorteil: Aroma, Inhaltsstoffe und Farbe bleiben weitgehend erhalten. Nachteil: Das Aussehen bleibt auf der Strecke. Daher ist es empfehlenswert, Kräuter schon vor dem Einfrieren portionsweise vorzubereiten und später bei Bedarf in jedem Fall gefroren zu verwenden.
Die Kräuter möglichst unter fließendem, kalten Wasser waschen, behutsam mit Küchenkrepp trocken tupfen (damit sich möglichst wenig Eiskristalle bilden), und grob schneiden. Das Beschriften (Inhalt und Datum) nicht vergessen.
Tiefkühl-Kräuter sind sechs bis acht Monate haltbar und werden nur im gefrorenen Zustand verwendet. Der Geschmack bereits angetauter Kräuter lässt sehr zu wünschen übrig.

Blüten von Malven (pink), Johanniskraut (gelb) und Kamille (weiß-gelb) sowie Pfefferminzblätter trocknen hier auf einer Holzdarre.

Kräuter-Essige und -Öle – Geniesser wissen sie zu schätzen

Wenn Sie auch im Winter nicht auf eigene Würze in Salaten verzichten wollen, sollten Sie sich in jedem Falle einen Vorrat an aromatischen Essigen und Ölen anlegen. Diese Art der Konservierung hat schon eine lange Tradition und ist recht unkompliziert. Der Zeitaufwand für die Zubereitung hält sich in Grenzen, lediglich für die Basis-Öle und -Essige müssen Sie je nach Vorlieben schon mal tiefer in die Tasche greifen.
Weitgehend geschmacksneutral sind Distel-, Sonnenblumen- und Rapsöl. Bei Verwendung von Olivenöl, das natürlich mit Kräutern gewürzt auch super schmeckt, sollten Sie möglichst eines mit mildem Fruchtgeschmack auswählen.

Experten-Tipp

Fürs Sommerfest empfiehlt es sich, einzelne Blütenblätter oder Blüten in den Eiswürfelbereiter zu geben. Dann mit Mineralwasser aufgießen und einfrieren. Die gefrorenen Würfel in Beutel umfüllen und luftdicht verschließen.

Für Feinschmecker: Selbst angesetzte Kräuter-Essige und -Öle sind nicht nur lecker und gesund, sondern auch beliebte Mitbringsel.

Besonders lecker, aber natürlich teurer ist die Verwendung eines kalt gepressten Öls. Zum Aromatisieren eignen sich Basilikum, Bohnenkraut, Thymian, Rosmarin und Salbei. Man kann diese Kräuter einzeln verwenden oder auch in einer Mischung. Verwenden Sie für einen Liter Öl nicht mehr als sechs Kräuterstiele. Diese zuvor ganz behutsam waschen, beziehungsweise kurz mit Wasser abbrausen, mit Küchenkrepp trocken tupfen und in ein sauberes Gefäß geben. Dadurch bekommt das Öl einen ganz besonderen Pfiff. Wer Knoblauch liebt, kann auch drei bis fünf geschälte Zehen mit hinzufügen. Dann mit Öl aufgießen und das Gefäß gut verschließen, zum Beispiel mit einem Korken. Danach die vorbereiteten Öle auf eine helle Fensterbank (ideal wäre Morgensonne) stellen und die Flaschen täglich einmal sanft schütteln, damit sich die Aromen gut mit dem Trägeröl verbinden. Nach etwa zwei bis drei Wochen das aromatisierte Öl durch ein feines Sieb abseihen, in eine saubere, trockene Flasche gießen und verschließen. Das Beschriften nicht vergessen. Die Kräuteröle möglichst schattig und auf gar keinen Fall zu warm lagern.
Kräuteröle eignen sich hervorragend zum Zubereiten von Salatsoßen, für Marinaden und zum Einpinseln von Fisch vor dem Braten.

Kräuter-Essig fix gemacht

Essig nimmt innerhalb von drei Wochen das Kräuteraroma an. Hierfür eignen sich Basilikum, Dilldolden (deren Samen noch nicht ausgereift sind), Estragon, Kerbel, Oregano, Rosmarin, Thymian sowie Salbei. Für die Zubereitung die Kräuter waschen, trocken tupfen und wie beim Öl einzeln oder gemischt in eine saubere, trockene Flasche geben. Danach mit Branntweinessig (fünf bis sechs Prozent Säure) übergießen und je nach gewünschter Intensität bis zu vier Wochen ziehen lassen. Danach durch ein Tuch filtern und in eine saubere Flasche abfüllen.

Deko-Ideen

Kräuter für ein gemütliches Zuhause

Farbenfroh und wohlduftend macht sich das rustikale Sträußchen im Tongefäß: Blühender Thymian, Salbei, Rosmarin, Dilldolden, Oregano und Lavendel harmonieren bestens miteinander.

Kräuter verzaubern uns immer wieder auf ganz wundersame Weise. Thymian, Rosmarin, Currykraut, Lavendel, Oregano, Ringelblumen oder Kamille eignen sich auch bestens als Tischdeko für große und kleine Feste.

Gesteckschalen im Lieblingsdekor

Blühende Kräutertöpfe sehen super aus auf dem Tisch und kommen auch als Geschenk prima an. Zunächst einmal sollten Sie sich nach ein paar schlichten Gefäßen umschauen und sie dann mit ein paar Handgriffen nach Ihrem Geschmack aufpeppen.
Eine besonders beliebte Möglichkeit ist die Verwandlung durch Serviettentechnik. Was das Dekor betrifft, so bleibt garantiert kein Wunsch offen, denn das Sortiment war noch nie größer. Und: Das Gute ist, Sie müssen nicht gleich eine ganze Serviettenpackung kaufen, im Bastelbedarf bekommt man sie für wenige Cent auch einzeln.
Ebenfalls relativ schnell und preiswert, lässt sich in die Jahre gekommenen Übertöpfen mit einem neuen Farbanstrich wieder neues Leben einhauchen. Allerdings ist hierfür in der Regel eine Vorbehandlung und Grundierung des Materials notwendig. Besonders attraktiv ist die Wirkung einer Gruppe von zwei oder drei ähnlich gestylten Gefäßen in ergänzenden Farbtönen.
So geht's weiter: Feuchte Frischblumensteckmasse in die Gefäße geben und gleichmäßig mit Kräutern, zum Beispiel blühenden Lavendelstielen, Lavendelkraut, blühendem Thymian, und mit ein paar in Pink blühenden Duftpelargonienstielen kombinieren. Wenn Sie das Gesteck ganz eng arrangieren, können Sie versuchen, es zu trocknen. Allerdings sollte dafür die Steckhilfe beim Stecken nicht tropfnass sein oder gar im Wasser stehen, sondern wirklich nur feucht sein. Und: Es darf nicht mehr nachgegossen werden.

Farbenfrohe Blüten und duftende Blätter sammeln

Der Zauber eines frischen Potpourris legt sich wohltuend auf unsere Seele. Verlockend schöne Farben, beispielsweise von gelborangefarbenen Kapuzinerkresseblüten, in Kombination mit Schopf-Lavendel, roten Indianernesselblüten, weißgelber Kamille, ein paar Salbeiblättern ('Tricolor' oder 'Icterina'), panaschierter Apfel-Minze und Silber-Wermut machen sich wunderschön. Mit einer zusätzlichen Dill- oder Fencheldolde kommt dann noch gelbe Farbe mit ins Spiel.
Ganz gleich, welche Kräuter und Gewürze Sie zur Verfügung haben, arrangieren Sie sie vorsichtig in einer dekorativen Schale aus Porzellan, Keramik oder Holz und seien Sie nicht traurig, wenn die Blüten und Blätter bereits nach einem Tag in sich zusammensinken

und zu welken beginnen. Der große Vorteil eines Potpourris besteht darin, dass man es den Sommer über ständig mit frischen Blüten und Blättern ergänzen und somit für den Winter immer wieder neu auffrischen kann. Ihr Duft lässt sich durch die Zugabe von etwas Veilchen- oder Iriswurzelpulver prima konservieren. Wichtig ist, dass Sie das Blütenpotpourri hin und wieder behutsam mit beiden Händen umdrehen, so dass wirklich alle Pflanzenteile gut trocknen. Wenn die mittlerweile getrockneten Blätter bei Berührung brechen, breitet sich ihr zartes Parfüm aus.

Ein Kranz aus Kräutern ist immer schön

Zunächst einen Kranzrohling aus Draht mit zum Beispiel 25 cm Durchmesser, einen Beutel Sphagnum-Moos, Bindedraht, Steckdrähte in verschiedenen Stärken sowie eine scharfes Messer bereitlegen.
Dann das Kräutergrün, vielleicht Salbei, Thymian, Rosmarin, Zitronenstrauch, Currykraut, jeweils mindestens 20 Stiele Kamille, Lavendel, Indianernessel in Scharlachrot und bereits leicht geöffnete Duftrosen frisch abschneiden, am besten am frühen Vormittag. So wird's gemacht: 1. Den Kranzrohling mit Moos auspolstern. Dazu das Moos bündelweise um den Draht legen und gleichmäßig mit Draht umwickeln. 2. Kräuter zu kleinen Sträußchen (für den angegebenen Durchmesser ca. 40 Stück) bündeln und an Draht befestigen. 3. Diese gleichmäßig und rundum im vorbereiteten Mooskranz verteilen. Damit sie halten, jeden Draht umbiegen. Beim Stecken auf einen gleichmäßigen Wechsel von hellem und dunklem Grün achten. 4. Danach die Blütenzweige rundum gleichmäßig verteilen und die Rosen platzieren.

Farbenfroher Kräuterstrauß im Bauerngarten-Stil aus Ringelblumen, Lavendelstielen, Kamille, Rosmarinzweigen und Zitronen-Melisse.

Klein und fein: Kränzchen fürs Badezimmer

Kräuter sind ideale Verbündete fürs Badezimmer, besonders wenn sie so wohlduftend sind wie diese hier: Lavendel, Kamille, Rosmarinzweige und Salbeiblätter. Damit der Kranz schön gleichmäßig wird, als Unterlage am besten einen Drahtring verwenden und Kräuter mit einer dekorativen Schnur oder Bast zu einem gleichmäßigen Kranz binden. Wenn das Bad nicht allzu feucht ist, trocknet das Kränzchen schön ein.

Faszinierende Düfte

Kräuterdüfte sind absolut verlässliche Partner, wenn es darum geht, die Sinne zu beflügeln oder der Seele zu schmeicheln. Oft genügen schon ein paar duftende Zweige von Rosmarin, Lavendel oder Thymian, um das Wohlbefinden zu steigern. Umso schöner, wenn sich zusätzlich auch das Auge an einem liebevoll gebundenen Strauß oder einem bunten Blütenpotpourri erfreuen kann.

Kräuter gehören zur wichtigsten Pflanzengruppe, die wohlriechende Blätter treiben. Dabei ist es völlig gleich, ob es sich um Würz-, Heil- oder Zierkräuter handelt, die Vielfalt ist einzigartig.

Spektakulär ist beispielsweise der Auftritt von Lavendel. Er verdreht mit seinem berauschenden Duft nicht nur Menschen den Kopf, sondern gibt auch im Topf und Beet den Ton an. Attraktiv sind Englischer Lavendel (*Lavandula × intermedia* 'Fragrant Memories'), Schopf-Lavendel (*Lavandula stoechas*) oder die bei uns noch nicht so weit verbreitete Sorte 'Luberon' (*Lavandula angustifolia*). Sie stammt aus der Provence, hat einen angenehmen, starken Duft, wächst äußerst kompakt und gedeiht super gut im Topf.

Viel Freude macht auch die robuste und über Wochen hinweg blühende Katzenminze (*Nepeta × fassenii* 'Walker's Low'. Sie wird etwa 40 cm hoch und liebt einen sonnigen Standort. Damit sie schön in Form bleibt, hin und wieder mal zurückschneiden. Die abgeschnittenen Blatt- und Blütenstiele können Sie in einer Vase arrangieren oder zur Auflockerung in bunte Sträuße geben, so halten sie sich am besten.

Salvien sorgen für Aufsehen

Es ist kaum zu glauben, wie viele Salbei-Arten und -Sorten in den vergangenen Jahren auf den Markt gekommen sind. Wobei sicherlich die Sorten des Echten Salbeis (*Salvia officinalis*) zurecht die Nase vorn haben: Sie kommen selbst im Kasten und Kübel bis auf wenige Ausnahmen problemlos über den Winter. Ihre aromatischen Blätter werden zum Würzen und vielfach in der Naturheilkunde verwendet.

Rosige Tischdeko

1. Zunächst ein kleines Tontöpfchen mit etwas Heu (Bastelbedarf) umwickeln und mit Golddraht befestigen, danach im Wechsel Rosmarin und Pistaziengrün hinzufügen, bis nichts mehr vom Gefäß zu sehen ist.

2. Die überstehenden Kräuterzweige mit einer scharfen Schere gleichmäßig und eben abschneiden, damit das Gefäß hinterher kippsicher steht. Zum Abschluss das Ganze noch mal mit Golddraht umwickeln.

3. Zu guter Letzt rote Rosen in das mit duftendem Grün verzierte Gefäß stecken. Besonders hübsch wirkt eine Tischdekoration, wenn Sie dafür gleich mehrere solcher Duftarrangements fertigen und sie in Gruppen anordnen.

Beliebt seit eh und je: Duftsäckchen für den Wäscheschrank. Dazu Lavendelblüten trocknen. In eine Schale geben, falls zur Hand drei bis fünf Tropfen ätherisches Lavendelöl dazugeben, vermischen und in Beutel abfüllen.

Unschlagbar im Duft sind vor allem die tropischen und subtropischen Arten. Honigmelonen-Salbei (*Salvia elegans* 'Honey Melon'), Pfirsich-Salbei (*Salvia greggii* 'Peach'), Ananas-Salbei (*Salvia rutilans*) oder Schwarzer Johannisbeeren-Salbei (*Salvia microphylla*) machen ihren Namen alle Ehre. Der Nachteil: Sie brauchen nicht nur einen sonnig warmen Platz, sondern müssen im Kübel gehalten und frostfrei überwintert werden! In der Pflege dagegen sind sie recht bescheiden. Am wichtigsten ist es, sie durch regelmäßiges Entspitzen bzw. Zurückschneiden stets schön in Form zu halten.

Für Duftliebhaber wie Feinschmecker ein Muss!

Ein leckerer Blattdufter ist Bärlauch (*Allium ursinum*). Das Wildkraut mit dem intensiven Knoblauchgeruch gedeiht gut in einem feuchten Beet oder in einem sehr geräumigen Kübel, wo es sich bei Gefallen Jahr für Jahr weiter ausbreitet. Am besten schmecken die jungen, erntefrischen Blätter, bevor die Pflanze Blüten angesetzt hat. Sie würzen Soßen, Suppen, Salate, Pesto und Quarkspeisen.

EXPERTEN-TIPP

Wenn sich der Wohlgeruch eines Duftsäckchens verflüchtigt hat, können Sie die Kräutermischung in eine Schüssel geben und durch Zugabe von ätherischen Ölen neu auffrischen. Danach wieder behutsam zurück in die Stoffsäckchen füllen.

Unter den klassischen Küchenkräutern gehört Basilikum (*Ocimum basilicum*) zu den bekanntesten. Es riecht gut, schmeckt gut und ist in vielen köstlichen Geschmacksnuancen zu haben. Deshalb kann ich nur raten, sich neben Genoveser-Basilikum, Großblättrigem Basilikum und Busch-Basilikum auch ein paar Töpfe mit Lemon-Basilikum (*O. americanum*), Zimt-Basilikum (*O. basilicum* 'Cinnamomum') oder Thailand-Basilikum (*O. basilicum*' Thai') sowie Tulsi (*O. sanctum*) zu gönnen.

Auch bei den Minzen sollten Sie sich neben einer klassischen Pfefferminze (*Mentha × piperita*) ein paar Pflanzen mit fruchtiger Note zulegen. Dazu gehören die Zitronen-Minze (*Mentha × piperita* var. *citrata*) oder die Orangen-Minze (*Mentha × piperita* 'Orangina'), die sich ausgezeichnet für die Zubereitung von Desserts eignet.

Tischdeko zum Nachmachen

Das Büffet ist festlich geschmückt: Kleine Kräutersträuße aus Salbei, Katzenminze und Bohnenkraut, in gleichmäßigem Abstand an einer Schnur aufgefädelt, schmücken das Tischtuch.

Salbei, Thymian oder Rosmarin – Kräuter sind in jeder Hinsicht äußerst attraktiv, sei es als Würze in der Küche, als Heilkraut bei kleinen und großen Wehwehchen oder als schmückende Beigabe in Sträußen und Gestecken. Was wäre zum Beispiel ein Blütenpotpourri ohne den herrlichen Duft von Lavendel, das zitronige Aroma der Zitronenverbene (*Aloysia triphylla*) oder ohne die bezaubernden Blüten von Oregano? Das Besondere an einer Kräuter-Deko ist jedoch auch, dass man davon keine Massen braucht, um einen Tisch fein herauszuputzen. Ganz im Gegenteil, mit weniger Opulenz, dafür etwas kleiner und ausgefallener, sorgen Sie ganz automatisch für mehr Aufsehen.

Kräuter-Pomander – verblüffend und schnell gemachte Duftkugel

Dazu einfach ein paar Kugeln aus Trockensteckmasse (Durchmesser 8 bis 12 cm) im Bastelladen besorgen. Danach mit Schere und Korb reichlich Zweige, zum Beispiel von Thymian oder Rosmarin, schneiden. Wer Silber liebt, nimmt Lavendel- oder Currykraut. Nun mit den Abschnitten zuerst mittig einen gleichmäßigen Streifen in die Kugel stecken, die zwei Hälften so bestecken, dass zwei Viertel entstehen. Auf gleichmäßige, sehr enge Abstände ist zu achten. Während des Steckens die Kräuter immer wieder mit der Schere etwas nachschneiden, allerdings nicht zuviel. Je gleichmäßiger und enger Sie die Teilflächen stecken, umso schöner wird das Ergebnis. Ganz zum Schluss den Kräuterkugeln einen gleichmäßigen Formschnitt verpassen. Es ist hilfreich, wenn Sie die Kugel dabei langsam drehen.

Sehr hübsch wirken Kräuter-Pomander auch in Kombination mit nelkenbespickten Orangen oder Zitrusfrüchten, wie sie zum Beispiel zur Weihnachtszeit üblich sind.

Stumpenkerze im Thymian-Mantel

Ein festliches Essen ohne Kerzenschein ist kaum vorstellbar. Das flackernde Licht regt die Fantasie an und verbreitet gute Laune. Es gibt zahlreiche Möglichkeiten, für wenig Geld eine enorme Wirkung zu erzielen. Wie unser Beispiel rechts oben zeigt, lassen sich selbst Marmeladengläser ohne großen Aufwand mit einem kleinen Kräuterkränzchen super schön aufpeppen.

Etwas eleganter ist die Wirkung, wenn schlichte Stumpenkerzen, zum Beispiel in Weiß oder zartem Gelb, mit Kräutern umwickelt werden. Dafür eignen sich am besten bereits leicht verholzte Zweige von Thymian, Katzenminze oder Rosmarin. Zum Festbinden Hanf- oder grobes, naturfarbenes Baumwollgarn verwenden. So wird's gemacht: Zunächst das eine Ende der Schnur um den unteren Bereich der Kerze binden; etwa 7 cm Schnur überstehen lassen, nicht abschneiden. Die Kerze am unteren Ende festhalten und nacheinander die zurechtgeschnittenen Kräuterzweige (Bedarf für eine Stumpenkerze mit 10 cm Durchmesser und 15 cm Höhe: 20 bis 30 Thymian-Zweige, 10 bis 12 cm lang) auflegen und Zweig für Zweig fest mit Schnur umwickeln. Sobald die Kerze rundum bedeckt ist, die Schnur stramm anziehen und dekorativ verknoten. Am Kerzenboden überstehende Kräuter mit einer Schere so abschneiden, das sie eben mit dem

Duftiger Gruß: Herzform aus Draht biegen, mit Lavendelblüten umwickeln und zusammen mit Lavendelzweigen den Teller zieren.

Bezaubernde Windlichter aus schlichten Gläsern mit kleinen Kränzchen aus wohlduftenden Thymianzweigen.

Boden abschließen. Die dekorierten Kerzen auf Tellern platzieren. Vorsicht: Sobald die Flamme der abbrennenden Kerzen in die Nähe der Kräuter kommt, diese einfach weiter nach unten schieben und rigoros mit einer Schere einkürzen, ansonsten besteht Brandgefahr!

Sträusse & Gestecke

Besonders hübsche Sträuße oder bunte Gestecke lassen sich aus Kamille, Ringelblumen, Borretschblüten, Schafgarbe, Frauenmantel, Ysop, Lavendel, Eibisch, Indianernessel, Duftpelargonien, Oregano, Rosmarin, Salbei sowie Fenchel- oder Dilldolden fertigen. Diese Aufzählung gibt nur einen groben Überblick der Möglichkeiten. Am schönsten ist die Wirkung jedoch, wenn Sie für ein Gebinde nicht mehr als drei oder fünf verschiedene Pflanzen beziehungsweise Farben miteinander kombinieren. Eine tolle Zugabe für Kräuter sind Rosen.

Die schönsten Gebinde entstehen quasi im Vorübergehen. Hier ein paar blühende Borretschstiele, dort ein paar gelbe Rosen und zu guter Letzt aus der Hängeampel ein paar blühende Kapuzinerkresse-Ranken schneiden. Vor dem Einstellen in die Vase nicht vergessen: Alle Blätter im unteren Stielbereich müssen entfernt werden. Sonst kommt es ruck, zuck zu Fäulnis und das Wasser beginnt zu müffeln.

Gefragte Mitbringsel

Wer auf eigene Kräuter zurückgreifen kann und etwas Fantasie hat, braucht sich um passende Geschenke kaum noch Gedanken zu machen, denn Selbstgemachtes steht hoch im Kurs, ist gesund und mit etwas Übung schnell gemacht, zum Beispiel ein wohlduftender Kräuterstrauß. Sehr schön ist eine Mischung mit gefüllten gelben oder roten Rosen, Lavendelblüten, duftig umhüllt von Kamillen- oder Frauenmantelblüten. Faszinierend wirkt auch eine Komposition quer durch den Bauerngarten, etwa ein Bund Astern, Nelken, Wicken oder Zinnien, kombiniert mit Katzenminze, Kapuzinerkresse und ein paar blühenden Dill- oder Fencheldolden. Ebenso attraktiv: eine weiße Hortensienblüte eingebettet in Rosmarin- oder Oreganozweige.

Eine Kräuterschale kommt immer gut an! Man kann die Aromapflanzen klassisch in Terrakottatöpfe pflanzen oder einfach im Containertöpfchen in einer schicken Porzellanschüssel oder einem Korb überreichen.

Kräuter für jeden Tag

Wer einen grünen Daumen hat und seinen Pflanzennachwuchs aus Samen oder Stecklingen selber zieht, sollte vorsorglich ein paar Gefäße mehr bepflanzen. Dann haben Sie die Saison über immer ein hübsches Präsent zur Hand, wenn Sie zu einem Gartenfest eingeladen werden. Themenkästen kommen immer gut an, zum Beispiel „Würze für Salate“: Schnittlauch, Basilikum, Petersilie und Dill. Wer es exotischer mag kombiniert Zitronengras *(Cymbopogon citratus)*, Zitronenstrauch *(Aloysia triphylla)*, Ananas-Salbei *(Salvia rutilans)* mit Gewürztagetes (*Tagetes tenuifolia* 'Lemon Gem'). Die fertig bepflanzten Schalen oder Töpfe einfach mit einer dekorativ gebundenen Schleife, einer großen Rosenkugel oder einem bunten Pflanzenstecker schmücken.

Das tut der Seele gut

Ein duftendes Badesalz gehört zu den besonders wohltuenden Geschenken und lässt sich kinderleicht selber herstellen. Dazu 500 g grobes Meersalz besorgen, ein breites Glasgefäß mit Korkdeckel, etwas ätherisches Lavendelblütenöl und mindestens zwölf wohlduftende Lavendelblütenähren. Diese mit den Blütenähren nach unten in das Gefäß stecken, die Hälfte des Salzes behutsam reinrieseln lassen, mit zwei bis drei Tropfen Lavendelöl beträufeln und das restliche Salz hinzufügen. Den Deckel darauf setzen und das Ganze vor dem Verschenken etwa ein bis zwei Wochen gut durchziehen lassen. Das Glas mit einem Etikett versehen. Pro Bad etwa zwei bis drei Esslöffel des Badesalzes ins Wasser geben.

Kräuter-Rezepte

Kräutertees & Drinks

Erfrischendes für jeden Tag

Ob ein Pfefferminztee im Hochsommer oder bei starken Kopfschmerzen (hierfür möglichst stark zubereiten und eine große Tasse schluckweise und rasch trinken), ein Gewürztee mit viel Ingwer im Winter oder ein erfrischender Muntermacher-Tee am Morgen: Kräuter sind unschlagbar. Es gibt unzählige Möglichkeiten, sich ein individuelles, köstliches Getränk zu mischen. Zum Beispiel kann man Kräutertee prima mit Apfelsaft oder frisch gepresstem Orangensaft mischen oder auch mit Schwarztee kombinieren. Hierfür ist besonders die Zugabe von Pfefferminzblättern, Orangen- und Hagebuttenschalen zu empfehlen.

Zu den besonders erfrischenden Kräutern gehören Pfefferminze, Zitronen-Melisse, Zitronenstrauch und Zitronen-Thymian. Würzig wird der Aufguss, wenn sie einige wenige Spitzen von Rosmarin, Anissamen oder ein ganz klein wenig Zimtrinde mit aufbrühen. Die Kräuter können frisch oder getrocknet verwendet werden, am besten gießt man sie in einer Mischung auf. Die Menge lässt sich nicht so exakt bestimmen, da das Aroma von Kräutern wie auch das persönliche Geschmacksempfinden recht unterschiedlich ist. Als Faustregel für die Zubereitung gilt: pro Tasse Wasser zirka drei Gramm getrocknete Teekräuter, das ist zerkleinert etwa ein gehäufter Teelöffel und bei ganzen Blättern etwa ein Esslöffel voll. Bei Frischkräutern verwenden Sie etwas mehr: ungefähr eine kleine Handvoll für eine große Tasse Wasser. Am besten Sie experimentieren und mischen Kräuter nach Herzenslust und kreieren so Ihren ganz persönlichen Lieblings-Trunk.

Eine gesunde Teemischung: Johanniskraut- und Himbeerblätter. Falls nicht zur Hand, können Sie beide getrocknet in der Apotheke oder im Teefachhandel kaufen; bevorzugen Sie Bio-Qualität.

Erfrischender Kräutertee

Zutaten:

Blütenblätter von 1 Ringelblume und 1 ungespritzten Duftrose
10 frische Kamillenblüten
2 blühende Thymianzweige
jeweils 10 bis 12 Blätter von Pfefferminze und Zitronenstrauch
6 Blätter Zitronen-Melisse
3 Zitronenscheiben (unbehandelt)

Alle Kräuter behutsam waschen und trocken tupfen, in einen großen Krug geben und mit 0,5 bis 1,5 Liter kochendem Wasser übergießen. Danach fünf Minuten zugedeckt ziehen lassen. Die Kräuter herausnehmen und den Tee nach Belieben süßen. Er kann kalt oder warm getrunken werden und schmeckt besonders erfrischend, wenn er mit Apfelsaft aufgegossen wird.

Kräuter für die Tee-Zubereitung

Anis (*Pimpinella anisum*): Früchte
Basilikum (*Ocimum basilicum*): Blätter
Fenchel (*Foeniculum vulgare*): Früchte
Indianernessel (*Monarda didyma*): Blätter und Blüten
Johanniskraut, Zitronenduftendes (*Hypericum hircinum*): Blätter
Kümmel (*Carum carvi*): Früchte
Marokkanische Minze (*Mentha spicata* var. *crispa*): Blätter
Melisse (*Melissa officinalis*): Blätter
Melisse, Kretische (*Melissa officinalis* var. *altissima*): Blätter
Moujean-Tee (*Nashia inaguensis*): Blätter
Pfefferminze (*Mentha × piperita*): Blätter
Süßkraut (*Stevia rebaudiana*): Blätter, zum Süßen, sparsam verwenden
Salbei (*Salvia officinalis*; *Salvia elegans*): Blätter
Thymian (*Thymian × citriodorus*): Blätter
Zitronenstrauch (*Aloysia triphylla*): Blätter

Wann immer es geht, sollten Sie Kräutertee in Bio-Qualität bevorzugen.

Frühstückstee

Zutaten:

3 TL Erdbeerblätter
2 TL Ringelblumenblütenblätter
je 1 TL Brombeer-, Pfefferminz- und Melisseblätter
je 0,5 TL Linden-, Kamillen-, Goldmelisse- und Holunderblüten

Die getrockneten Kräuter in eine Teekanne geben, mit 2,5 Liter kochendem Wasser überbrühen und drei bis fünf Minuten ziehen lassen. Danach die Kräuter abseihen und den Tee nach Belieben süßen.

Königskerzenbowle mit Früchten

Zutaten:

250 ml Königskerzensirup (Bioladen)
1,5 l Mineralwasser mit Kohlensäure
Saft von 1 Zitrone
bis zu 200 g zerkleinertes Obst
1 Handvoll frische Zitronen-Melisseblättchen
falls zur Hand ein paar gerade aufgeblühte Königskerzenblüten

Das sorgsam vorbereitete frische Obst in ein großes Glasgefäß geben. Den Königskerzensirup dazugeben, mit gekühltem Mineralwasser aufgießen und behutsam miteinander verrühren. Die Melisseblättchen und Königskerzenblüten hinzufügen und abgedeckt mindestens eine Stunde lang durchziehen lassen.

Pesto, Soßen & Kräuterbutter

Schon beim Anblick dieser Köstlichkeiten läuft einem das Wasser im Munde zusammen. Die angegebenen Rezepte (jeweils für vier Portionen berechnet) können Sie selbstverständlich nach eigenem Geschmack und den Kräutern, die gerade in Ihren Kübeln, Kästen und Beeten reifen, abwandeln oder ergänzen.

Spaghetti mit Kräuterpesto, Feta-Käse und Oliven

Zutaten:
400 g Spaghetti
2 Knoblauchzehen
2 EL Rapskernöl
100 g Feta-Käse
50 g schwarze Oliven
Kräuter-Pesto (siehe unten)

Die Pasta nach Packungsanleitung zubereiten. Feta-Käse würfeln, Oliven abtropfen lassen. Die Knoblauchzehen abziehen und grob hacken. Öl in einer Pfanne erhitzen, Knoblauch kurz darin andünsten. Die bissfest gegarten Spaghetti abtropfen lassen und kurz im heißen Knoblauchöl schwenken. Oliven und Feta gleich hinzufügen, umrühren und sofort auf vorgewärmten Tellern mit dem Kräuter-Pesto anrichten.

Kräuter-Pesto

Zutaten:
150 g Frischkräuter (etwas mehr als drei Viertel der Menge Basilikum, den Rest Petersilie, Rosmarin und Thymian)
3 oder 4 Knoblauchzehen
80 g Walnüsse
ca. 200 ml Rapskernöl
mind. 1 TL Salz
100 g geriebener Pecorinokäse

Die Kräuter waschen, abtropfen lassen, Knoblauchzehen abziehen und zusammen mit den Walnüssen mit dem Zauberstab fein zerkleinern. Dann nach und nach das Rapsöl zugeben, salzen und den geriebenen Hartkäse unterheben. Die fertige Masse muss cremig

Mmh, wie köstlich: selbst gemachtes Kräuterpesto mit Spaghetti, Schafskäse und schwarzen Oliven

Ein Klassiker, nicht nur zu Kartoffeln und Eiern – auch gekochtes Fleisch, Frikadellen und Ofenkartoffeln passen zur Grünen Sauce.

sein. In zwei Gläser füllen, mit etwas Rapskernöl bedecken, mit einem Deckel verschließen und bis zum Verzehr in den Kühlschrank stellen; wegen der Nüsse möglichst innerhalb von zwei Wochen aufbrauchen.

Grüne Sauce Frankfurter Art

Zutaten:
1 kg neue Kartoffeln
Salz
8 Eier
150 g Frischkräuter wie Kerbel (mind. 75 g), Petersilie, Schnittlauch, Dill, Borretsch, Sauerampfer, Estragon
1 kleine Zwiebel
150 g Salat-Mayonnaise (z. B. von Knorr)
150 g Vollmilchjoghurt
Pfeffer
Zitronensaft

Die Kartoffeln gründlich waschen und in kochendem Salzwasser etwa 20 Minuten kochen. Eier hart kochen, abschrecken und pellen.
Kräuter waschen, trocken schütteln und fein hacken. Zwiebel schälen und ebenfalls fein hacken.
Mayonnaise und Joghurt verrühren, fein gehackte Kräuter und Zwiebel unterrühren, mit Salz, Pfeffer und Zitronensaft abschmecken. Grüne Sauce zu Kartoffeln und Eiern reichen.

KRÄUTERBUTTER SELBER MACHEN

Doppelter Genuss: gefrorene Kräuterbutter-Herzen

Zutaten: je 1 Bund Schnittlauch und Petersilie, je 1 Stängel Thymian, Oregano und Basilikum, 4 Pfefferminzblätter, 250 g Butter, 2 Schalotten, 1 Knoblauchzehe, etwas Salz. Zubereitung: Die Kräuter waschen, trocken tupfen und fein schneiden. Gekühlte Butter in eine Schüssel geben, mit dem Handrührgerät cremig schlagen. Unter ständigem Rühren die Kräuter und die fein gehackten Schalotten dazugeben, Knoblauch hineinpressen. Zum Schluss mit Salz abschmecken. Die weiche Butter in Eiswürfelzubereiter (siehe Foto) füllen und einfrieren. Haltbarkeit: vier bis sechs Monate.

Kleinigkeiten: Vorspeisen und Suppen

Antipasti-Spieße mit Käse-Talern, ein Gläschen Rotwein und frisches Fladenbrot sind genau das Richtige für einen gemütlichen Abend mit Freunden auf dem Balkon oder der Terrasse.

Antipasti-Spieße mit Käse-Talern

Zutaten:

2 rote und 2 gelbe Paprikaschoten (je 400 g)
2 Zucchini (300 g)
1 Aubergine (200 g)
2 Rollen Patros-Käse
Salz
1 EL Olivenöl zum Bestreichen

Für die Marinade:

2 Stiele Rosmarin
2 EL frischer Zitronensaft
Pfeffer aus der Mühle
4 EL Olivenöl
8 Schaschlikspieße

Gemüse waschen, Paprika, Zucchini und Aubergine klein schneiden. Auberginen auf ein Stück Küchenpapier legen und salzen. Etwa 10 Minuten Saft ziehen lassen, mit Küchenpapier trocken tupfen. Grillpfanne aufheizen. Etwas Olivenöl in die Pfanne geben. Gemüse in mehreren Portionen bei mittlerer Hitze von beiden Seiten darin braten. Mit Salz und Pfeffer würzen. Bei Bedarf zwischendurch noch etwas Öl in die Pfanne geben.

Für die Marinade Rosmarin waschen, trocken schütteln, die Nadeln abzupfen und hacken, mit Zitronensaft, Salz, Pfeffer und Olivenöl verrühren. Käserollen in etwa 0,5 cm dicke Scheiben schneiden. Gemüse und Käse auf Spieße stecken und in eine große Auflaufform oder die Saftpfanne des Backofens legen.

EXPERTEN-TIPP

Oregano ist vor allem als Würze für mediterrane Gerichte wichtig. Ob Griechischer Salat, Pizza oder Eintopf: Das Kraut verleiht ihnen einen unverwechselbare Note. Sehr würzig: *Origanum onites*, *O. sipyleum* und *O. vulgare*.

Antipasti-Spieße mit der Marinade beträufeln und mindestens 30 Minuten stehen lassen. Zwischendurch in der Marinade wenden und mit der abgetropften Marinade bestreichen. Mit Brot servieren.

Kräuterrahmsuppe mit geräuchertem Forellenfilet

Zutaten:
50 g Margarine
50 g Mehl
1 l Gemüse-Bouillon, z. B. von KNORR
200 g BRUNCH Feine Kräuter
je 1 Bund Dill, Petersilie und Schnittlauch
Salz
frisch gemahlener Pfeffer
geriebene Muskatnuss
2 Tomaten
150 g geräuchertes Forellenfilet
Kräuterblättchen zum Garnieren

Margarine in einem Topf schmelzen, das Mehl darin anschwitzen, Gemüse-Bouillon einrühren und aufkochen. 10 Minuten leicht köcheln lassen. Brunch dazugeben und mit dem Stabmixer pürieren (dabei wird die Suppe schön schaumig). Kräuter waschen, trocken schütteln, fein hacken und in die Suppe rühren. Die Suppe mit Salz, Pfeffer und Muskatnuss abschmecken. Tomaten waschen, vierteln, entkernen und das Fruchtfleisch fein würfeln. Forellenfilets in kleine Stücke schneiden. Suppe mit Tomatenwürfelchen, Kräutern und Forellenfilets garnieren.

Wenn es festlicher sein soll, können Sie die Kräutersuppe auch mit geräucherten Lachs und etwas Kaviar garnieren.

Salat-Wraps

Zutaten:
200 g Weizenmehl
0,5 TL Salz, 1 Prise Kreuzkümmel
120 ml lauwarmes Wasser

Für die Soße:
8 EL Schmand
4 TL Hefeextrakt (z. B. Vitamin R)
1 EL Zitronensaft
weißer Pfeffer aus der Mühle
1 Chilischote,
1 Bund frisches Basilikum

Für den Salat:
1 Avocado
0,5 Salatgurke
3 mittelgroße Tomaten
100 g gemischte Salatblätter
100 g Champignons

Geschmeidigen Teig herstellen, in 4 Portionen teilen und auf leicht bemehlter Arbeitsfläche Fladen à 20 cm Durchmesser ausrollen. In beschichteter Pfanne ausbacken und bei 50 °C im Backofen warm halten (mit Alufolie abdecken). Soße herstellen, kleingewürfelte Chilischote und gehacktes Basilikum zufügen. Avocado, Gurke und Tomaten klein würfeln, Salat zerpflücken, Champignons in dünne Scheiben schneiden; alles mischen. Fladen mittig mit Soße bestreichen, Salat draufgeben und von der Seite her fest aufrollen, auf einen Platzteller setzen.

Schmackhaftes zum Sattwerden

Auf den folgenden Seiten haben wir leichte und deftige Rezepte für jeden Tag zusammengestellt, die sich gut als Mittagessen beziehungsweise Hauptmahlzeit eignen.
Wenn Ihnen das eine oder andere Produkt zu üppig erscheint, können Sie fetthaltige Produkte durch Light-Varianten austauschen. Auch die Kräuterzugaben können nach eigenem Geschmacksempfinden ausgetauscht werden.
Allerdings: Der Umgang mit Kräutern will gelernt sein, gerade weil sie so stark und individuell im Geschmack sind. Viele Hobbyköche und -köchinnen beschränken sich daher meist nur auf die traditionellen Kräuter wie Petersilie, Dill, Schnittlauch und Kerbel, wodurch sie Gaumenfreuden ohne Ende versäumen. Also trauen Sie sich, und wenn Sie beim Experimentieren zunächst mal sparsam dosieren, kann nichts schiefgehen.

Bei großem Hunger kommt dieser herzhafte Kartoffelauflauf gerade recht, er macht garantiert satt. Passend dazu: Radiccio-, Endivien-, Frissée- oder Feldsalat.

Herzhafter Kartoffelauflauf

Zutaten:
1 kg Kartoffeln
150 g roher Schinken, fein gewürfelt
1 Gemüsezwiebel, fein gehackt
1 TL Butter
1 EL Mehl
250 ml Gemüsebrühe
150 g Kräuterfrischkäse (z. B. Philadelphia Doppelrahmstufe Kräuter)
2 Bund frische Kräuter, z. B. Schnittlauch, Majoran

Kartoffeln mit Schale kochen, pellen und in Spalten schneiden. Schinken- und Zwiebelwürfel in der Butter glasig anbraten, anschließend mit Mehl bestäuben und mit Gemüsebrühe ablöschen. Das Ganze kurz aufkochen lassen. Nun den Kräuterfrischkäse bei milder Hitze unter Rühren in der Soße schmelzen lassen, dabei nicht mehr aufkochen. Das Ganze salzen und pfeffern.
Die Kräuter kurz waschen, Wasser gut ausschütteln und mit einem Wiegemesser zerkleinern. Den Backofen auf 150 °C vorheizen, Kartoffelspalten, Käsesoße und die Frischkräuter in eine Auflaufform geben und 15 bis 20 Minuten backen. Je nach Jahreszeit mit einem Feld-, Rucola-, Radicchio-, Endivien- oder Karotten-Salat servieren.

Champignon-Pfanne Provenzalisch

Zutaten:
4 Zwiebeln
150 g Butter (z.B. Kerrygold)
250 g Langkornreis
0,5 TL gekörnte Brühe

Zu diesem delikaten Champignongericht servieren Sie am besten einen knackigen Eisberg- oder einen Rucola-Salat mit Kräutervinaigrette.

100 g geriebener Käse (z.B. Kerrygold Original Irischer Bauernkäse)
60 g durchwachsener geräucherter Speck
500 g Champignons
1 EL fein gehackte Kräuter der Provence: Basilikum, Bohnenkraut, Kerbel, Estragon, Majoran, Liebstöckel, Oregano, Rosmarin
Salz, Pfeffer

Zwiebel häuten, würfeln und in Butter anschwitzen. Den Reis zufügen und ebenfalls anschwitzen. Gekörnte Brühe in 300 ml Wasser auflösen, zufügen und Kräuter der Provence unterrühren. Dann den Reis ca. 20 Minuten bei kleiner Flamme bzw. mittlerer Hitze garen, anschließend geriebenen Käse untermengen. Nun die Champignons putzen, Zwiebeln häuten und würfeln. Speck würfeln und in Butter knusprig braten. Zwiebeln zufügen und anschwitzen. Champignons hinzufügen und ca. 10 Minuten braten, mit Salz und Pfeffer abschmecken und nach Belieben noch mal ein paar Kräuter hinzufügen.
Den Reis und die Pilze auf Tellern anrichten und mit frischen Salbeiblättchen garnieren. Grüne Saison-Salate dazu servieren.

Gegrillte Schwertfisch-Steaks

Zutaten:
Saft von 1 Zitrone, 2 EL Fenchelsamen
0,5 TL Salz, 2 fein gehackte Knoblauchzehen
4 Schwertfisch-Steaks
150 g Butter (z. B. Kerrygold)
4 gewässerte fein gehackte Sardellenfilets
Cayennepfeffer und rosa Pfefferkörner
2 EL Dill, 1 EL Fenchelkraut, gehackt
1 EL geriebene Zitronenschale

Zitronensaft mit Fenchel, Salz und Knoblauch mischen; Fisch darin mehrere Stunden marinieren. Butter mit Sardellenfilets und einer Prise Cayennepfeffer zur Paste verrühren, Steaks damit einstreichen. Den Rest zur Rolle formen und kühl stellen. Steaks auf beiden Seiten grillen. Butterrolle in gehacktem Dill, Fenchelkraut und Zitronenschale wälzen, aufschneiden und zu den Steaks servieren. Mit etwas gemahlenem rosa Pfeffer garnieren.

Rinderfilet im Kräuter-Lauch-Mantel

Zutaten:
700 g Rinderfilet
Salz, Pfeffer
30 g Sardellenfilets
25 g Kapern
2 Knoblauchzehen
1 EL grober Senf
1 bis 2 TL fester Honig
2 EL Semmelmehl
200 g Frischkäse
150 g dünne, große Scheiben Katenschinken
1 Bund glatte Petersilie und 50 g frische gezupfte Kräuter der Saison, z. B. Majoran, Thymian
1 Lauchstange
150 g Crème double
1/8 l Rotwein
30 g Butter (für die Sauce)

Raffiniertes Rezept für Gäste: Rinderfilet im Kräuter-Lauch-Mantel. Als Beilage eignen sich Kartoffeln.

Das Filet trocken tupfen und mit Salz und Pfeffer würzen. Die Sardellenfilets, die abgetropften Kapern und den gepellten Knoblauch hacken. Mit Senf, Honig und Semmelmehl zum Frischkäse geben, und eine feste Farce rühren.

Die Schinkenscheiben überlappend und flächig auf Alufolie legen. Darauf die Frischkäsefarce streichen. Mit den gezupften Petersilien- und Kräuterblättchen bestreuen. Darauf das Filet legen und mit Hilfe der Alufolie das Filet fest in den Schinken rollen.

Petersilie schmeckt am besten frisch geschnitten oder gehackt an Salaten, in Suppen, Soßen, Gemüsen sowie Quarkspeisen. Außerdem ist sie wichtigster Bestandteil des „Bouquet garni", das Fleisch und Geflügelgerichten beigegeben wird.

Die beliebtesten Küchenkräuter

Basilikum *(Ocimum basilicum)*
Macht Tomaten mit Mozzarella zum Sommersalat Nr. 1. Auch Gemüse, Fisch und Eierspeisen bekommen durch das Würzkraut einen unverwechselbaren Geschmack.

Dill *(Anethum graveolens)*
Für Zaziki unverzichtbar. Außerdem würzen die Blätter und Samen Gurkensalate und Fischgerichte.

Kerbel *(Anthriscus cerefolium)*
Schmeckt am besten frisch und wird erst kurz vorm Servieren zu den Speisen gegeben, wichtiger Bestandteil der Frankfurter grünen Soße. Sein würzig-süßer Geruch erinnert ein wenig an Anisplätzchen.

Petersilie *(Petroselinum crispum)*
Wichtigster Bestandteil des „Bouquet garni", das Fleisch- und Geflügelgerichten sowie Salaten, Suppen und Soßen beigegeben wird.

Rosmarin *(Rosmarinus officinalis)*
Gehört zu den intensivsten Würzkräutern, deshalb entsprechend sparsam dosieren; würzt Lamm, Kalbfleisch, Fisch, Geflügel und Pizza.

Schnittlauch *(Allium schoenoprasum)*
Der Klassiker unter den Kräutern, schmeckt am besten frisch und würzt vorzüglich Sommersalate, Eier- und Käsegerichte, Suppen und Soßen.

Vier bis fünf lange Lauchblätter von der Lauchstange abziehen, kurz in kochendem Wasser blanchieren, kalt abschrecken und fest um das eingeschlagene Filet wickeln. In einen Bräter setzen, mit Crème double bestreichen und mit Wein angießen. Etwa 80 Minuten im vorgeheizten Backofen bei 190 °C braten.

Für die Sauce dem Bratenfond kalte, klein gewürfelte Butter zugeben und mit einem Schneebesen aufschlagen.

Zum Servieren das Filet in Scheiben schneiden und Sauce separat servieren.

Gefüllte Putenrouladen mit Spargel und Estragonsoße

Zutaten:

4 dünne Putenschnitzel (je ca. 125 g)
8 bis 12 Stangen grüner Spargel (je nach Dicke)
1 Bund Estragon
60 g geriebener Käse (z. B. Kerrygold Original Irischer Bauernkäse)
2 Eigelb
50 g durchwachsene, dünne Speckstreifen
Mehl zum Bestäuben
110 g Butter (z.B. Kerrygold)
je 125 ml Weißwein und Fleischbrühe
Salz und Pfeffer aus der Mühle
3 EL Crème fraîche
1 kg mehlige Kartoffeln
250 ml heiße Milch
geriebene Muskatnuss

Schnitzel dünn klopfen. Grünen Spargel ab der Hälfte nach unten schälen und die Enden entfernen. Spargel halbieren. Estragon waschen und die Blättchen abzupfen. Käse und Eigelb mischen. Schnitzel leicht salzen und pfeffern, mit der Käsemasse bestreichen, mit dem Spargel und der Hälfte der Estragonblättchen belegen und aufrollen. Mit jeweils einem Speckstreifen umwickeln und die Spießchen feststecken. Rouladen dünn mit Mehl bestäuben. In einer Pfanne etwas Butter erhitzen, Fleischröllchen darin unter Wenden goldbraun braten. Mit Weißwein ablöschen und mit der Brühe aufgießen, zugedeckt bei schwacher Hitze 20 Minuten schmoren. Röllchen herausnehmen, warm stellen. Soße mit Crème fraîche und mit den restlichen klein gehackten Estragonblättern abschmecken und zum Fleisch servieren. Kartoffeln schälen, garen, abschütten und pürieren. Milch und restliche Butter unterrühren, mit Salz und Muskatnuss abschmecken.

EXPERTEN-TIPP

Wer auch im Winter Estragon (*Artemisia dracunuclus*) verwenden möchte, muss sich das Kraut am Küchenfenster halten, denn es lässt sich schlecht trocknen und verliert auch beim Einfrieren an Aroma. Zur Not auf Estragonessig und -öl zurückgreifen.

Deftige Putenrouladen mit grünem Spargel und einer cremigen Estragonsoße. Alternativ zu Grünspargel können Sie natürlich auch weißen Spargel verwenden.

Würzig-Süßes zum Nachtisch

Wer meint, Kräuter seien nur etwas für deftige Speisen, der irrt. Hier kommt der Beweis.

Dessertcreme mit Fruchtsalat

Zutaten:
je 125 g Erdbeeren, Weintrauben, Himbeeren
1 Nektarine
1 EL Zitronensaft, 3 TL Zucker
2 Zweige Zitronenmelisse
1 Zweig Zitronenstrauch
400 g Frischkäse (z. B. Doppelrahmstufe Philadelphia)
200 g Naturjoghurt
2 EL Zucker, 2 EL Zitronensaft

Frischkäse, Joghurt, Zucker und Zitronensaft mit dem Rührgerät vermischen, abdecken und in den Kühlschrank stellen. Obst waschen, Erdbeeren vierteln, Trauben halbieren, Nektarine halbieren, Kern entfernen und in schmale Streifen schneiden. Himbeeren nur kurz in Wasser tauchen und abtropfen lassen. Die Früchte in einer große Schüssel mischen, mit frisch gepresstem Zitronensaft und Zucker abschmecken. Zitronenstrauchblätter in feine Streifen schneiden, vor dem Servieren unter die Käse-Creme heben und auf Teller verteilen, Obstsalat dazugeben. Mit frischen Melisseblättchen servieren.

Die intensiv nach Zitrus schmeckenden Blätter des Zitronenstrauchs sind ideal für die Verfeinerung von Süßspeisen. Hier ist die Sorte 'Freshman'

Kräuter für die Dessertküche

Zitronen-Melisse (*Melissa officinalis*)
Schokoladen-Minze (*Mentha × piperita* 'Chocolate')
Orangen-Minze (*Mentha × piperita* 'Orangina')
Limonen-Basilikum (*Ocimum americanum* 'Lime')
Duftpelargonie (*Pelargonium crispum* 'Lemon Fancy')
Honigmelonen-Salbei (*Salvia elegans* 'Honey Melon')
Ananas-Salbei (*Salvia rutilans*)

Pfirsichsalat mit Himbeersoße und Zitronenbasilikum

Zutaten :
250 g frische Himbeeren
0,5 Tasse Puderzucker
2 bis 3 EL Mineralwasser
Saft einer halben Zitrone
4 große, weiße Pfirsiche
frisches Zitronen-Basilikum (oder Zitronenstrauch)

Himbeeren mit Zucker vermischen, zugedeckt eine Stunde ziehen lassen. Danach durch ein feinmaschiges Sieb passieren, nach Belieben Mineralwasser hinzufügen. Himbeersoße mit Zitrone abschmecken, drei bis fünf Blättchen Zitronen-Basilikum fein schneiden und dazugeben, das Ganze kalt stellen. Pfirsiche waschen, halbieren und die Steine entfernen. Fruchthälften in dünne Spalten schneiden, mit Zitronensaft beträufeln und auf der Himbeersoße anrichten.

Kräuter von A–Z

Anisysop

Agastache foeniculum

Wuchs: Mehrjährig; aufrecht bis locker buschig; 50 bis 80 cm hoch. **Blüte:** Juli bis September; hellpurpurfarbene Ähren. **Blatt:** Grün; oval; drüsig punktiert; nach Anis duftend. **Standort:** Sonnig; nahrhafte, humose Erde verwenden. **Pflege:** Gleichmäßig gießen und düngen; Winterschutz erforderlich; Vermehrung durch Aussaat, Stecklinge oder Wurzelteilung. **Ernte:** Während des Sommers können Blätter und Blüten frisch geerntet werden. Zum Trocknen werden oberirdische Pflanzenteile kurz vor der Blüte geschnitten. **Verwendung:** Anisysop wirkt appetitanregend und hilft bei Übelkeit und Erbrechen. Die Blätter werden zum Aufguss von Tee oder zum Würzen verschiedener Speisen verwendet.

Schnittlauch

Allium schoenoprasum

Wuchs: Mehrjährig; horstig; 20 bis 30 cm hoch. **Blatt:** Röhrig; grün. **Blüte:** Juni bis Juli; violett bis lilafarben; halbkugelige Dolden. **Standort:** Sonnig bis halbschattig; nahrhafte, humose Erde verwenden. **Pflege:** Gleichmäßig feucht halten; im Frühjahr düngen; Blüten entfernen; winterhart; Vermehrung durch Aussaat oder Teilung des Wurzelstockes. **Ernte:** Schnittlauchblätter können während des ganzen Sommers geerntet und frisch verwendet oder unter Geschmacksverlust eingefroren werden. **Verwendung:** Schnittlauch wirkt appetitanregend, verdauungsfördernd und harntreibend. Frisch geschnittener Lauch wird gern zum Würzen von Rührei, Quark und Salaten oder auch als Garnierung verwendet.

Agastachen – Kräuter für Kenner

Die **Moskitopflanze** (*Agastache cana*) ist eine schöne, nicht ganz winterharte Staude. Das Aroma ihrer Blätter erinnert an Orangen-Thymian. Sie werden gern zum Würzen von Süßspeisen und Salaten verwendet. **Lemonysop** (*Agastache mexicana*) ist eine bei uns nur bedingt winterharte Schmuckstaude. Lemon-Ysop-Tee wirkt appetitanregend und schmeckt mild nach Zitrone. Die **Koreanische Minze** (*Agastache rugosa*) ist eine schnellwüchsige Staude. Die Blätter haben ein minzeartiges Aroma und eignen sich zum Aufguss von Tee oder als Gewürz für Saucen und Salate.

Chinesischer Lauch

Allium tuberosum

Wuchs: Mehrjährig; horstig; 30 bis 40 cm hoch. **Blatt:** Flachkantig; nicht hohl; grün. **Blüte:** Juli bis September; weiß; Büschel. **Standort:** Sonnig bis halbschattig; nahrhafte, sandig-lehmige Erde verwenden. **Pflege:** Wenig gießen; ab und zu düngen; winterhart; gelegentlich durch Teilung des Wurzelstockes verjüngen, Vermehrung durch Aussaat. **Ernte:** Blätter und Blütenstiele können ab Mai geerntet und frisch verwendet werden. Pro Sommer sind zwei bis drei Ernten möglich. **Verwendung:** Blätter und Blüten schmecken mild nach Knoblauch und werden zum Würzen von Suppen, Salaten, Fleisch- und Fischgerichten verwendet. Die Stiele können auch als Gemüse gedünstet werden.

Zitronenverbene, Zitronenstrauch

Aloysia triphylla

Wuchs: Strauchig; aufrecht; bis 250 cm hoch. **Blatt:** schmal-lanzettlich; zugespitzt; duftend; grün. **Blüte:** August; weiß; duftend; Rispe. **Standort:** Sonnig; windgeschützt; nahrhafte, humose Erde verwenden. **Pflege:** Gleichmäßig feucht halten; regelmäßig düngen; im Frühjahr stark zurückschneiden; Formschnitt im Sommer möglich; hell, aber frostfrei überwintern; Vermehrung durch Stecklinge. **Ernte:** Während des ganzen Sommers werden Blätter und Blüten geerntet und frisch verwendet oder getrocknet. **Verwendung:** Blätter und Blüten der Zitronenverbene können als Entspannungstee zubereitet oder zum Aromatisieren von Getränken, Süßspeisen und Gebäck verwendet werden.

Weitere Pflanzen für Küche und Gesundheit

Bärlauch *Allium ursinum* ist ein beliebtes Wildkraut unserer Wälder. Für eine erfolgreiche Topfkultur muss ein schattiger Standort vorhanden sein und humose Erde verwendet werden. Die Blätter werden von April bis Juni geerntet und als Würze für Salate und Suppen verwendet.

Echte Aloe *Aloe vera* kann bei uns nur als Kübelpflanze gehalten werden. Die Pflanze wird trocken kultiviert; zum Überwintern wird ein heller, frostfreier Raum benötigt. Aus dem eingedickten Milchsaft lassen sich Magen- und Wundmittel herstellen. Doch Vorsicht: Die Pflanze gilt als giftig.

Dill, Gurkenkraut

Anethum graveolens 'Fernleaf'

Wuchs: Einjährig; aufrecht bis locker buschig; 20 bis 40 cm hoch. **Blatt:** Fein gefiedert; grün. **Blüte:** Juni bis August; gelb; große gewölbte Doppeldolden. **Standort:** Sonnig; nahrhafte, humose Erde verwenden. **Pflege:** Gleichmäßig feucht halten, wenig düngen. Aussaat im April, Folgeaussaaten sind bis August möglich. **Ernte:** Frische Blätter und Blüten; Dolden erst kurz vor der vollständigen Reife der Samen. **Verwendung:** Dill wirkt verdauungsfördernd, appetitanregend und krampflösend. Blätter und Blüten werden frisch oder getrocknet als Gewürz für Salate, Fisch und Saucen verwendet. Die Samen werden wie Senfkörner zum Einlegen von Gurken oder zum Herstellen von Kräuteressig genutzt.

Garten-Kerbel, Suppenkraut

Anthriscus cerefolium ssp. *cerefolium*

Wuchs: Einjährig; aufrecht; 30 bis 60 cm hoch. **Blatt:** 3- bis 4-fach gefiedert; grün. **Blüte:** Mai bis August; weiß; Dolden. **Standort:** Halbschattig; lockere, nahrhafte Erde verwenden. **Pflege:** Gleichmäßig feucht halten, gelegentlich düngen; Vermehrung durch Aussaat ab März, Folgeaussaaten bis August möglich. **Ernte:** Junge Blätter werden vor der Blüte geerntet und frisch verwendet. Für Heilzwecke wird das ganze blühende Kraut geerntet und getrocknet. **Verwendung:** Tee oder Presssaft werden zu Frühjahrskuren verwendet. In der Küche sind Kerbelblätter eine beliebte Beigabe zu Suppen, Saucen, Quark und Salaten. Bitte nur frische Blätter verwenden, getrockneter Kerbel hat wenig Aroma.

Suppengewürz

Schnitt-Sellerie *Apium graveolens* var. *secalinum*. **Wuchs:** Ein- oder Zweijährig; dichtbuschig, 30 bis 50 cm hoch. **Blatt:** 1- bis 2-fach gefiedert bis gelappt; dunkelgrün. **Blüte:** Juli bis September; gelblich weiße Dolden. **Standort:** Sonnig bis halbschattig; nahrhafte, humose Erde verwenden. **Pflege:** Gleichmäßig feucht halten; Aussaat ab März (Lichtkeimer). **Ernte:** Blätter während der gesamten Vegetationsperiode. **Verwendung:** Schnitt-Sellerie ist ein beliebtes Gewürz für Suppen, Saucen oder Kartoffelgerichte und kann frisch, getrocknet oder auch tiefgefroren verwendet werden.

Meerrettich

Armoracia rusticana

Wuchs: Mehrjährig; rosettig; Blütentriebe aufrecht; bis 120 cm hoch. **Blatt:** Untere Blätter eilänglich; gekerbt; bis 100 cm lang; mittlere Blätter fiederspaltig; obere Blätter lanzettlich; grün. **Blüte:** Mai bis Juli; weiß; Trauben. **Standort:** Sonnig bis absonnig; in nahrhafte, humose Erde pflanzen. **Pflege:** Ausreichend große Gefäße verwenden; reichlich wässern und düngen; winterhart; Vermehrung durch Wurzelableger im März. **Ernte:** Die Wurzeln werden im Herbst ausgegraben. **Verwendung:** Meerrettich wirkt stoffwechselanregend, schleimlösend und fördert die Verdauung. In der Küche wird die Wurzel als scharfes Gewürz von Fleisch- und Fischgerichten oder als Brotaufstrich verwendet.

Französischer Estragon

Artemisia dracunculus ssp. *dracunculus*

Wuchs: Mehrjährig; breitbuschig; bis 50 cm hoch; stark verzweigt. **Blatt:** Lanzettlich; hellgrün. **Blüte:** August bis September; gelbe Köpfchen; blüht bei uns selten. **Standort:** Sonnig bis halbschattig; sandige, magere Erde verwenden. **Pflege:** Trocken kultivieren; wenig düngen; Winterschutz erforderlich; Rückschnitt im Frühjahr sinnvoll; Vermehrung erfolgt durch Absenker oder Blattstecklinge. **Ernte:** Blätter oder Triebspitzen können während des ganzen Sommers geerntet werden. **Verwendung:** Estragon wirkt verdauungsfördernd, appetitanregend und harntreibend. Frische Blätter werden als Gewürz von Fischgerichten, Suppen, Salaten und Saucen sowie zum Einlegen von Gurken verwendet.

Estragon ist nicht gleich Estragon

Bei uns sind zwei Kulturformen des Estragons bekannt, die sich hauptsächlich in Wuchsform und Aroma unterscheiden. Russischer Estragon (*Artemisia dracunculus*) hat breitere Blätter als der Französische Estragon (*Artemisia dracunculus* ssp. *dracunculus*), blüht im Sommer gelblich und bildet Fruchtstände mit reifen Samen aus. Er wird durch Absenker oder Stecklinge vermehrt, ist ausgesprochen wüchsig und sehr winterhart. Russischer Estragon bildet reichlich Blattmasse, hat aber nur wenig Würzkraft. Seine Blätter werden kurz vor der Blüte geerntet, ihr Aroma ist dann am intensivsten.

Borretsch

Borago officinalis

Wuchs: Einjährig; straff aufrecht; verzweigt; bis 80 cm hoch; rau behaart. **Blatt:** eiförmig; beidseitig rau behaart; grün. **Blüte:** Juni bis September; himmelblau, selten rosa oder weiß; Wickel. **Standort:** Sonnig, warm; nahrhafte, durchlässige Erde verwenden. **Pflege:** Reichlich wässern und düngen; Aussaat von März bis Juni. **Ernte:** Junge Triebe und Blätter können während des ganzen Sommers geerntet werden. **Verwendung:** Borretschkraut kann nur frisch verwendet werden. Der Teeaufguss mit Blättern und Blüten wirkt blutreinigend, herzstärkend und schleimlösend. Das Kraut eignet sich gut als Würze von Salaten, Quark, Eierspeisen, Spinat und kalten Soßen, wie die „Frankfurter Soße“.

Ringelblume

Calendula officinalis

Wuchs: Einjährig; stark verzweigt; 20 bis 60 cm hoch. **Blatt:** Länglich; behaart; blassgrün. **Blüte:** Juni bis Oktober; gelb oder orangefarbene Strahlenblüten. **Standort:** Sonnig; nahrhafte, gut durchlässige Erde verwenden. **Pflege:** Regelmäßig wässern und düngen; verblühte Blütenstiele entfernen; Vermehrung durch Aussaat. **Ernte:** Während des Sommers können Blütenblätter und junge Blättchen geerntet werden. **Verwendung:** Ringelblumenblüten wirken wundheilend, entzündungshemmend und blutreinigend. Ringelblumensalbe wird aus Blütenblättern hergestellt und wirkt bei Entzündungen und bei Verbrennungen. Blütenblätter und auch die frischen, jungen Blättchen werden zum Würzen von Salaten verwendet.

Attraktive Tee-Kräuter

Die **Bergminze** *Calamintha nepeta* ist ein mehrjähriges, bis 40 cm hohes Kraut mit hellrosa Blüten. Sie benötigt einen sonnigen Standort, durchlässige Erde und wird durch Aussaat, Stecklinge oder Teilung vermehrt. Die Blätter werden zum Zubereiten von Tees verwendet.

Die **Salat-Chrysantheme** *Chrysanthemum coronarium* ist ein einjähriges, bis 100 cm hohes Kraut mit gelblichen Blüten. Sie benötigt einen sonnigen bis halbschattigen Standort, nahrhafte, humusreiche Erde. Während des Sommers werden Blüten für Tee und Blätter für Salat geerntet.

Balsamstrauch

Cedronella canariensis

Wuchs: Mehrjährig; locker buschig; bis 100 cm hoch. **Blatt:** dreilappig; gezähnt; unterseits behaart; hellgrün. **Blüte:** Mai bis Juli; rosa; Lippenblüten. **Standort:** Sonnig; geschützt; nahrhafte, durchlässige Erde verwenden. **Pflege:** Gleichmäßig feucht halten; Staunässe vermeiden; regelmäßig düngen; im Frühjahr stark zurückschneiden; Formschnitt im Sommer möglich; hell, aber frostfrei überwintern; Vermehrung durch Stecklinge. **Ernte:** Bei Bedarf werden Blätter und Blüten geerntet und frisch verwendet oder getrocknet. **Verwendung:** Balsamstrauch-Tee wirkt erfrischend, nervenberuhigend und hilft bei Schlafproblemen. Frische Blätter können als würzige Beigabe zu Salaten verwendet werden.

Zitronengras

Cymbopogon citratus

Wuchs: Mehrjährig; horstig; bis 120 cm hoch. **Blatt:** linealisch; nach Zitrone duftend; rau; graugrün. **Blüte:** Blüht als Kulturpflanze nicht. **Standort:** Sonnig bis halbschattig; geschützt; humose, durchlässige Erde verwenden. **Pflege:** Gleichmäßig feucht halten, aber Staunässe vermeiden und nicht dem Regen aussetzen; regelmäßig düngen; in temperierten Räumen hell überwintern; Vermehrung durch Wurzelteilung oder Stecklinge. **Ernte:** Bei Bedarf werden Blätter geerntet und frisch oder getrocknet verwendet. **Verwendung:** In der asiatischen Küche ist Zitronengras ein beliebtes Gewürz und Bestandteil verschiedener Currygerichte. Zitronengras-Tee ist ein erfrischender Magen-Darm-Tee.

Würzige Kräuter

Echtes Löffelkraut *Cochlearia officinalis* ist ein anspruchsloses, winterhartes Kraut für sonnige bis halbschattige Lagen. Die Blätter werden bei Bedarf ganzjährig (auch im Winter) geerntet und frisch mit Eiern oder Käse gegessen oder zu Presssaft verarbeitet.

Koriander *Coriandrum sativum* zählt zu den ältesten Gewürzpflanzen. Nach der Aussaat benötigt er einen sonnigen, geschützen Platz. Die Blätter sind in der asiatischen Küche sehr beliebt. Korianderfrüchte werden als Gewürz für Backwaren, eingemachten Kürbis und Marinaden verwendet.

Gewürz-Fenchel

Foeniculum vulgare

Wuchs: Zwei- bis mehrjährig; rosettig; Blütentriebe straff aufrecht; 80 bis 200 cm hoch. **Blatt:** Sehr fein gefiedert; grün. **Blüte:** Juli bis September; gelbe Doppeldolden. **Standort:** Sonnig; nahrhafte, kalkhaltige Erde verwenden. **Pflege:** Reichlich gießen; wenig düngen; in ungünstigen Lagen ist Winterschutz erforderlich; Vermehrung durch Aussaat im Frühjahr. **Ernte:** Einzelne junge Blätter können laufend geerntet werden; im Spätsommer werden die Dolden mit den reifen Samen abgeschnitten und getrocknet. **Verwendung:** Frische Blätter werden zum Würzen von Salaten, Fisch und Saucen verwendet. Fenchelfrüchte sind Bestandteil von Husten-, Abführ- und Magen-Darm-Tees sowie Likören.

Gundermann

Glechoma hederacea

Wuchs: Mehrjährig; kriechend; 10 bis 20 cm hoch. **Blatt:** rundlich; gekerbt; grün. **Blüte:** Mai bis Juli; blauviolett. **Standort:** Sonnig bis schattig; durchlässige, magere Erde verwenden. **Pflege:** Regelmäßig gießen; wenig düngen; winterhart; Vermehrung durch Aussaat im Herbst oder durch Stecklinge. **Ernte:** Im Frühjahr werden oberirdische Pflanzenteile, auch die Blüten, geerntet. **Verwendung:** Gundermann wirkt hustenstillend und entzündungshemmend. Die Volksheilkunde verwendet den Tee bei leichten Atemwegsentzündungen und zur Waschung schlecht heilender Wunden. Junge Blätter werden in kleineren Mengen als Beigabe von Frühlingssalaten verwendet. Der Verzehr von größeren Mengen ist weniger empfehlenswert.

Attraktive Würzkräuter für Balkon und Terrasse

Türkischer Drachenkopf *Dracocephalum moldavicum* wächst einjährig, aufrecht und hat blauviolette Blüten, die auch für die Vase geeignet sind. Blätter und Blüten werden frisch oder getrocknet als frisches Gewürz oder als Bestandteil von Leber-, Galle- oder Magen-Tees verwendet.

Chinesischer Gewürzstrauch *Elsholtzia stauntonii* ist ein sommergrüner Strauch, der bei uns nur geschützt überwintert werden kann. Die dunkelrosa Blüten stehen in Rispen und duften aromatisch. Die Blätter werden als verdauungsfördernder Tee oder zum Würzen verwendet.

Currystrauch

Helichrysum italicum

Wuchs: Mehrjährig; buschig; 40 bis 60 cm hoch. **Blatt:** linealisch; duftend; immergrün; silbergrau. **Blüte:** Juli bis August; gelbe Dolden. **Standort:** Sonnig; durchlässige, magere Erde verwenden. **Pflege:** Wenig gießen und düngen; Rückschnitt im Frühjahr; Winterschutz erforderlich; Vermehrung durch Stecklinge. **Ernte:** Vor der Blüte werden junge Triebe geschnitten und getrocknet. Blütendolden werden für die Floristik geerntet. **Verwendung:** Das getrocknete Kraut kann als Tee bei Husten oder als Badezusatz bei empfindlicher Haut angewendet werden. In der Küche wird das Kraut als Gewürz verwendet. Um Magenreizungen zu verhindern, sollte das Kraut sparsam eingesetzt werden.

Ysop

Hyssopus officinalis

Wuchs: Mehrjährig; dichtbuschig; 30 bis 60 cm hoch; im unteren Bereich verholzend. **Blatt:** Lanzettlich; behaart; drüsig; wintergrün. **Blüte:** Juli bis August; blaue Ähren. **Standort:** Sonnig; nahrhafte, kalkhaltige, gut durchlässige Erde verwenden. **Pflege:** Wenig gießen; ausreichend düngen; im Frühjahr weit zurückschneiden; winterhart; Vermehrung erfogt durch Aussaat. **Ernte:** Blätter und junge Triebe werden bei Bedarf geerntet und frisch verwendet; das blühende Kraut wird im Sommer geerntet und getrocknet. **Verwendung:** Ysop ist ein hervorragendes Gewürz für Fleisch- oder Fischgerichte und für Eintöpfe. Wegen seines starken Aromas sollte Ysop unbedingt sparsam verwendet werden.

Afrikanischer Rosmarin *Eriocephalus africanus* **Wuchs:** Mehrjähriger Strauch; aufrecht; 80 bis 100 cm hoch. **Blatt:** Nadelartig; duftend; immergrün. **Standort:** Sonnig; luftig; durchlässige, magere Erde verwenden. **Pflege:** Wenig gießen und düngen; frostfrei und hell überwintern; Vermehrung durch Aussaat im Frühjahr oder Stecklinge. **Ernte:** Bei Bedarf werden Zweige oder Blätter geerntet. **Verwendung:** Das Kraut hat harntreibende Eigenschaften. Der Teeaufguss hilft bei Erkältungen, Husten und Blähungen. Die aromatischen Blätter würzen Eintöpfe.

Lorbeer

Laurus nobilis

Wuchs: Strauch; aufrecht; verzweigt; im Topf bis 2,5 m (am Naturstandort bis 10 m) hoch. **Blatt:** Immergrün; elliptisch; zugespitzt; wellig; ledrig; glänzend dunkelgrün. **Blüte:** März bis Mai; cremeweiße Büschel; duftend. **Standort:** Sonnig; nahrhafte Erde verwenden. **Pflege:** reichlich wässern und düngen; Rückschnitt im Herbst; hell und frostfrei überwintern; Vermehrung durch Stecklinge. **Ernte:** Blätter oder Triebspitzen bei Bedarf ernten und frisch verwenden oder getrocknet. **Verwendung:** Lorbeerblätter regen den Appetit und die Verdauung an und sind ein beliebtes Gewürz für Suppen, Saucen, Krautgerichte, Wild- und Fischgerichte. Vorsicht: Lorbeerlaub kann hautreizend und allergieauslösend wirken.

Echter Lavendel

Lavandula angustifolia

Wuchs: Mehrjähriger Halbstrauch; buschig; verzweigt; 30 bis 60 cm hoch; im unteren Bereich verholzend. **Blatt:** Immergrün; länglich; eingerollt; silbriggrau. **Blüte:** Juni bis August; blau oder lilafarben; Ähren. **Standort:** Sonnig; gut durchlässige, kalkhaltige Erde. **Pflege:** Sparsam gießen; gelegentlich düngen; bei rauem Klima Winterschutz; Rückschnitt am besten nur im Frühjahr (Verblühtes auch im Herbst); Vermehrung durch Aussaat. **Ernte:** Junge Blätter während der gesamten Vegetationsperiode; Blütenstiele nach dem vollständigen Aufblühen. **Verwendung:** Blätter als Würze für Fischgerichte, Eintöpfe und Geflügel; Blüten als Tee, zur Garnierung verschiedener Speisen oder als Duftsäckchen.

Sie bringen Farbe auf den Kräuterbalkon

Johanniskraut *Hypericum perforatum* benötigt einen sonnigen Standort und nahrhafte, gut durchlässige Erde. Im Sommer werden Blätter und gelbe Blüten als Tee gegen leichte Verstimmungszustände zubereitet. Der Auszug aus frischen Blüten (Rotöl) dient äußerlich als Wundheilmittel.

Schopf-Lavendel *Lavandula stoechas* ist bestens für die Topfkultur (durchlässige Erde verwenden) geeignet. Dieser mehrjährige, aber nicht winterharte, von Juli bis Oktober violett blühende Halbstrauch wird 40 bis 70 cm hoch. Die Blüten duften nach Zimt und Kampfer.

Garten-Kresse

Lepidium sativum

Wuchs: Einjährig; aufrecht, 30 bis 50 cm hoch. **Blatt:** Grundblätter fiederteilig; obere Blätter länglich-eiförmig; blaugrün. **Blüte:** Mai bis Juli; in weißen Trauben. **Standort:** Sonnig bis halbschattig; anspruchslos, wächst in jeder Topferde. **Pflege:** Kurze Kulturzeit; Vermehrung durch Aussaat; muss ständig nachgesät werden; unter Glas ganzjährige Kultur möglich. **Ernte:** Bei Bedarf werden junge Blätter geschnitten und stets frisch verwendet. **Verwendung:** Frische Kresse ist pikant und passt gut zu Salaten, Eiern und Quark. Sie schmeckt gut auf Butterbrot und eignet sich zum Garnieren von Fisch und Gemüse. Die Volksmedizin schätzt die Garten-Kresse zur Anwendung bei Frühjahrskuren.

Aztekisches Süßkraut

Lippia dulcis

Wuchs: Mehrjährig; kriechend; überhängend; 20 bis 30 cm hoch mit meterlangen Ranken. **Blatt:** Eiförmig; gezähnt; klebrig behaart; dunkelgrün. **Blüte:** Juli bis September; kleine weiße, duftende Köpfchen. **Standort:** Sonnig; durchlässige, etwas magere Erde verwenden. **Pflege:** Wenig gießen und düngen; öfter zurückschneiden; hell und kühl (5 bis 10 °C) überwintern; Vermehrung durch Kopf- oder Teilstecklinge im zeitigen Frühjahr möglich. **Ernte:** Bei Bedarf werden Blätter und Blüten geerntet. **Verwendung:** Der Tee schmeckt leicht minzig und süß, er hat eine leicht entspannende Wirkung. In der Küche wird das Aztekische Süßkraut als Süßungsmittel für Tees und Desserts verwendet.

Salatkräuter

Ausdauernde Garten-Kresse *Lepidium latifolium* ist mehrjährig, winterhart, wird 40 bis 100 cm hoch und hat lange, dunkelgrüne Blätter. Standort sollte sonnig bis halbschattig sein. Junge Blätter werden als Würze von Salat, ältere Blätter und Wurzeln als Gemüse verwendet.

Schottischer Liebstöckel *Ligusticum scoticum* ist mehrjährig, bis 60 cm hoch, weißblühend, nicht vollkommen winterhart. Standort sonnig bis halbschattig; nährstoffreiche, durchlässige Erde. Wurzeln und Blätter werden als Tee oder zum Würzen von Suppen und Salaten verwendet.

Zitronen-Melisse

Melissa officinalis

Wuchs: Mehrjährig; dichtbuschig; verzweigt; bis 90 cm hoch. **Blatt:** Eiförmig; gleichmäßig gezähnt; grün. **Blüte:** Juni bis August; weiß bis rosa; duftend; achselständig. **Standort:** Sonnig; gut durchlässige, nahrhafte Erde verwenden. **Pflege:** Wenig düngen; bis zu drei Rückschnitte pro Jahr; winterhart; Vermehrung durch Aussaat oder durch Teilung des Wurzelstockes. **Ernte:** Vor der Blüte werden junge Blätter und Triebspitzen geerntet. Ältere Blätter werden hart und schmecken etwas bitter. **Verwendung:** Frische Melissenblätter verbessern den Geschmack von Salaten, Saucen, Süßspeisen und Fischgerichten. Getrocknete Zitronen-Melisse wird zur Zubereitung von Schlaf- und Nerventees verwendet.

Pfefferminze

Mentha × piperita

Wuchs: Mehrjährig; dichtbuschig; 60 bis 80 cm hoch; Ausläufer treibend. **Blatt:** Eiförmig; gesägt; dunkelgrün. **Blüte:** Juli bis August; rosa Scheinähren. **Standort:** Sonnig bis halbschattig; nahrhafte, humose Erde verwenden. **Pflege:** Regelmäßig gießen und düngen; winterhart; gelegentlich zurückschneiden; Vermehrung durch Stecklinge, Ausläufer oder Teilung. **Ernte:** Junge Blätter und Triebe bei Bedarf, zum Trocknen ganze oberirdische Pflanzenteile kurz vor der Blüte ernten. **Verwendung:** Pfefferminze wirkt erfrischend, krampflösend und verdauungsfördernd. Frische Minzblätter werden in der Küche zum Würzen von Saucen und Süßspeisen verwendet, getrocknete Minze zum Zubereiten von Tee.

Noch mehr Heilkräuter für den Topf

Andorn *Marrubium vulgare* ist eines der ältesten bekannten Heilkräuter. Der mehrjährige, weitgehend winterharte, bis 60 cm hohe Halbstrauch hat runzlige, graugrüne Blätter und weiße Blüten. Das bittere, aromatisch schmeckende Kraut wirkt gegen Appetitlosigkeit und fördert die Verdauung.

Japanische Minze *Mentha arvensis* var. *piperascens* kommt aus dem asiatischen Raum und bildet die Grundlage für viele Rezepte der Chinesischen und Japanischen Medizin. Aus den Blättern der mehrjährigen, winterharten Pflanze wird ein starkes Minzöl hergestellt.

Apfel-Minze

Mentha suaveolens

Wuchs: Mehrjährig; dichtbuschig; 60 bis 80 cm hoch; Ausläufer treibend. **Blatt:** Rundlich; gesägt; weich behaart; grün. **Blüte:** Juli bis August; fliederfarben; Scheinähren. **Standort:** Sonnig bis halbschattig; nahrhafte, humose Erde verwenden. **Pflege:** Regelmäßig gießen und düngen; gelegentlich zurückschneiden; winterhart; Vermehrung durch Stecklinge im Frühjahr oder durch Ausläufer während des ganzen Sommers. **Ernte:** Junge Blätter und Triebe werden bei Bedarf geerntet. **Verwendung:** Wegen ihres milden, an Apfel erinnernden Aromas werden Apfel-Minzblätter in der Küche gern zum Zubereiten von Obstsalaten und Desserts oder auch zur Zubereitung von erfrischend schmeckendem Tee verwendet.

Süßdolde

Myrrhis odorata

Wuchs: Mehrjährig; aufrecht; bis 150 cm hoch. **Blatt:** Einfach bis doppelt gefiedert; gesägt; grün. **Blüte:** Mai bis Juli; weiß; Dolden. **Standort:** Halbschattig bis schattig; durchlässige, humose Erde verwenden. **Pflege:** Regelmäßig gießen und düngen; winterhart; Vermehrung durch Aussaat oder durch Wurzelteilung. **Ernte:** Frische Blätter und grüne Samen werden im Sommer, Wurzeln im Herbst geerntet. **Verwendung:** Frische Blätter und Wurzeln werden als Gewürz von Eintöpfen, Suppen oder als Gemüse verwendet. Getrocknete Blätter und Wurzeln ergeben einen wirksamen Tee gegen Husten und leichte Verdauungsbeschwerden. Blätter und Blüten sind ein kalorienarmer Süßstoff.

Marokkanische Minze *Mentha spicata* var. *crispa* ist eine mehrjährige, 30 bis 50 cm hohe, winterharte Minze. Die Blätter sind rundlich und klein, die Blüten sind rosa und stehen in Ähren. Die Marokkanische Minze schmeckt aromatisch, süß und erfrischend.

Katzenminze *Nepeta cataria* ist eine mehrjährige, 30 bis 60 cm hohe, winterharte Staude mit gezähnten, behaarten, graugrünen Blättern und lilaweißen Blüten in ährenartigen Blütenständen. Das Kraut zieht Katzen an und wurde bis ins späte Mittelalter als Heilpflanze verwendet.

Basilikum

Ocimum basilicum

Wuchs: Meist einjährig; aufrecht; stark verzweigt; 20 bis 60 cm hoch. **Blatt:** Eiförmig; entfernt gesägt; je nach Sorte grün oder rot. **Blüte:** Juni bis September; weiß (bei rotblättrigen Sorten rosafarben); Scheinquirle. **Standort:** Sonnig bis halbschattig; warm; windgeschützt; nahrhafte, durchlässige Erde verwenden. **Pflege:** Gleichmäßig gießen und düngen; Staunässe vermeiden; Blütenansätze entfernen; Vermehrung durch Aussaat (Lichtkeimer). **Ernte:** Junge Blätter und Triebe bei Bedarf. **Verwendung:** Basilikum passt gut zu Tomaten, Saucen, Salaten, Pestos und Pastagerichten. Basilikum darf nur frisch verwendet werden, mitgekochtes oder getrocknetes Kraut verliert an Würzkraft.

Rotes Basilikum

Ocimum basilicum 'Dark Opal'

Wuchs: Einjährig; aufrecht; stark verzweigt; 20 bis 40 cm hoch. **Blatt:** Eiförmig; entfernt gesägt; zugespitzt; tief purpurfarben. **Blüte:** Juni bis September; rosafarbene Scheinquirle. **Standort:** Sonnig; warm; windgeschützt; nahrhafte, durchlässige Erde verwenden. **Pflege:** Gleichmäßig gießen und düngen; Staunässe unbedingt vermeiden; Blütenansätze entfernen; Vermehrung durch Aussaat (Lichtkeimer). **Ernte:** Junge Blätter und Triebe werden bei Bedarf geerntet und immer frisch verwendet. **Verwendung:** Dank ihres herben Aromas bietet sich diese Sorte besonders zur Herstellung von Kräutertees an. Die dunklen Blätter eignen sich auch sehr gut zur Dekoration verschiedener Speisen.

Extra-Tipp

Basilikum stammt aus Indien und war bereits in der Antike eine geschätzte Arznei- und Gewürzpflanze. Das Kraut gelangte im 12. Jahrhundert nach Mitteleuropa und wurde dort in Klostergärten angebaut. Es galt als appetitanregend und schweißtreibend. Für eine erfolgreiche Kultur benötigt Basilikum den wärmsten Platz auf dem Balkon, ohne der direkten Mittagssonne ausgesetzt zu sein. Die meisten bei uns erhältlichen Sorten sind einjährig. Mehrjährige Sorten können im Herbst zurückgeschnitten werden. Für reiche Ernten müssen die Blütenansätze früh entfernt werden.

Griechisches Busch-Basilikum

Ocimum basilicum var. *minimum*

Wuchs: Einjährig; aufrecht; kompakt; 20 bis 40 cm hoch. **Blatt:** Klein, eiförmig; gesägt; zugespitzt; grün. **Blüte:** Juni bis September; weiß; Scheinquirle. **Standort:** Sonnig bis halbschattig; warm; windgeschützt; nahrhafte, durchlässige Erde verwenden. **Pflege:** Griechisches Busch-Basilikum ist anspruchslos und deutlich robuster als andere Basilikumsorten, gleichmäßig gießen und düngen; unbedingt Staunässe vermeiden; Blütenansätze entfernen; gelegentlich zurückschneiden; Vermehrung durch Aussaat (Lichtkeimer). **Ernte:** Junge Blätter und Triebe werden bei Bedarf geerntet. **Verwendung:** Das Griechische Buschbasilikum hat besonders würzige Blätter. Es passt sehr gut zu Salaten, Pestos und Pastagerichten.

Basilikum 'African Blue'

Ocimum kilimandscharicum × *basilicum*

Wuchs: Mehrjährig; aufrecht; stark verzweigt; 60 bis 100 cm hoch; verholzend. **Blatt:** Eiförmig; gesägt; grün, purpur gezeichnet. **Blüte:** Juni bis September; rosa; Scheinquirle; die Sorte bildet bei uns keine Samen aus. **Standort:** Sonnig; warm; wind- und regengeschützt; nahrhafte, durchlässige Erde verwenden. **Pflege:** Gleichmäßig gießen und regelmäßig düngen; Staunässe unbedingt vermeiden; Blütenansätze entfernen; hell und kühl überwintern; im Frühjahr zurückschneiden; Vermehrung durch Kopf- oder Teilstecklinge im Frühsommer. **Ernte:** Junge Blätter und Triebe werden bei Bedarf geerntet. **Verwendung:** Frische Blätter passen gut zu Tomaten, Saucen, Salaten, Pestos und Pastagerichten.

Indisches Basilikum

Tulsi-Basilikum *Ocimum tenuiflorum* (syn. *Ocimum sanctum*) ist eine bis 50 cm hohe indische Basilikumart. Die eiförmigen, gesägten Blätter duften aromatisch; die purpurroten oder weißen Blüten stehen in Scheinquirlen. Diese pflegeleichte Pflanze benötigt einen sonnigen Standort und nahrhafte, humose Erde. Für eine mehrjährige Kultur muss die Pflanze hell und frostfrei überwintert werden. Ab Mai wird das Kraut geerntet und frisch verwendet oder getrocknet. Tulsi wird in der indischen Kräutermedizin bei Erkältungen, Asthma und Hautkrankheiten angewendet.

Griechischer Oregano

Origanum heracleoticum

Wuchs: Mehrjährig; dichtbuschig, 40 bis 60 cm hoch; Ausläufer bildend. **Blatt:** Eiförmig; ganzrandig; abgerundet; flaumig behaart; grün. **Blüte:** Juli bis August; weiße Trugdolden. **Standort:** Sonnig; durchlässige Erde verwenden. **Pflege:** Regelmäßig gießen und düngen; Staunässe unbedingt vermeiden; Rückschnitt im Frühjahr; leichter Winterschutz empfehlenswert; Vermehrung durch Kopfstecklinge. **Ernte:** Frische Blätter und Triebspitzen werden während des ganzen Sommers, das Kraut wird zum Trocknen im Spätsommer geerntet. **Verwendung:** Griechischer Oregano hat ein intensives Aroma und eignet sich sehr gut als Pizzagewürz oder zu Tomaten-, Kartoffel- oder Bohnengerichten.

Majoran

Origanum majorana

Wuchs: Bei uns einjährig; buschig; verzweigt; 50 cm hoch; flaumig behaart; teilweise rötlich überlaufen. **Blatt:** Spatelförmig; ganzrandig; beiderseits flaumig behaart; grün; klein. **Blüte:** Juli bis August; hellrot bis weiß; mit graugrünen Hochblättern; Scheinähren. **Standort:** Sonnig; durchlässige, nahrhafte Erde verwenden. **Pflege:** Wenig gießen; Staunässe vermeiden; regelmäßig düngen; Vermehrung durch Aussaat. **Ernte:** Frische Blätter und Triebe während der gesamten Vegetationsperiode; zum Trocknen werden krautige Pflanzenteile während der Blütezeit geerntet. **Verwendung:** Majoran eignet sich als Gewürz von deftigen Speisen wie Eintöpfen, Fleischgerichten und Aufläufen.

Origanum-Vielfalt

Winterfester Majoran *Origanum × majoricum* benötigt einen sonnigen Platz und trockene, lockere, nahrhafte Erde; etwas Winterschutz ist zu empfehlen. Aus den frischen Blüten wird Majoranöl gewonnen, das in der Volksheilkunde z. B. bei Magenleiden verwendet wird.

Französischer Majoran *Origanum onites* ist ein kleines (30 bis 40 cm hoch), mehrjähriges Kraut. Es benötigt einen sonnigen Platz, magere, durchlässige Erde und ein frostfreies Winterquartier. Das Kraut hat ein mildes Aroma und wird in der feinen Küche gern verwendet.

Gewöhnlicher Dost

Origanum vulgare ssp. *vulgare*

Wuchs: Mehrjährig; dichtbuschig, bis 50 cm hoch; Ausläufer bildend. **Blatt:** Eiförmig; ganzrandig; flaumig behaart. **Blüte:** Juli bis September; rosa oder weiß; Trugdolden. **Standort:** Sonnig, etwas geschützt; durchlässige, nährstoffreiche Erde verwenden. **Pflege:** Wenig gießen; Rückschnitt im Frühjahr; leichter Winterschutz; Vermehrung durch Aussaat oder durch Teilung des Wurzelstocks. **Ernte:** Frische Blätter und Triebe während der gesamten Vegetationsperiode; zum Trocknen werden krautige Pflanzenteile während der Blütezeit geerntet. **Verwendung:** Dost ist frisch oder getrocknet ein beliebtes Gewürz für Pizza, Salate und Nudelgerichte. Die Volksmedizin verwendet Dost unter anderem bei Erkrankungen der Atemwege.

Duftgeranie, Duftpelargonie

Pelargonium-Arten und -Sorten

Wuchs: Halbstrauch; buschig, teilweise überhängend; 50 bis 100 cm hoch. **Blatt:** Meist eingeschnitten bis gelappt; oft stark behaart; duftend. **Blüte:** Juni bis Oktober; rosa, weiß oder violett, oft mehrfarbig; Dolden; Blüten duften nicht. **Standort:** Sonnig; durchlässige, nährstoffreiche, leichte Erde verwenden. **Pflege:** Gleichmäßig gießen und düngen; Rückschnitt im Frühjahr; hell und frostfrei überwintern; Vermehrung durch Stecklinge. **Ernte:** Blätter oder Blüten während der gesamten Vegetationsperiode. **Verwendung:** Die duftenden Blätter eignen sich, sparsam verwendet, zum Aromatisieren von Süßspeisen und Getränken. Die Blüten werden als Garnierung von Desserts verwendet.

Duftende Blätter

Duftpelargonien sind Wildformen der Pflanzengattung, zu der auch unsere Balkongeranien gehören. Sie gelangten im 17. Jahrhundert von Südafrika nach England. Dort haben Züchter die Pflanzen nach Duftqualitäten selektiert:

- Rose (*P. capitatum* 'Attar of Roses')
- Himbeere (*P. capitatum* 'Lady Scarborough')
- Zimt (*P. crispum* 'Cinnamon')
- Zitrone (*P. crispum* 'Variegatum', 'Minor')
- Pfirsich (*P. crispum* 'Peach Cream')
- herb-würzig (Eichblatt-Pelargonie, *P. quercifolium* 'Royal Oak').

Schwarznessel
Perilla frutescens var. *purpurascens*

Wuchs: Einjährig; aufrecht buschig; 40 bis 100 cm hoch. **Blatt:** breit-eiförmig; gezähnt; purpurfarben. **Blüte:** August bis September; weiße ährenartige Blütenstände. **Standort:** Sonnig bis halbschattig; nährstoffreiche, humose, durchlässige Erde verwenden. **Pflege:** Regelmäßig gießen und düngen; für buschigen Wuchs frühzeitig stutzen; Vermehrung durch Aussaat im Frühjahr (Lichtkeimer). **Ernte:** Blätter werden vor der Blüte geerntet. **Verwendung:** Die durchdringend aromatische Schwarznessel wird zum Würzen von Sushi, Salaten, Suppen, Saucen, Fleisch oder Reis verwendet. Der Geschmack der rotlaubigen Varietät (siehe Bild) ist intensiver als der der grünlaubigen Art.

Petersilie
Petroselinum crispum

Wuchs: Zweijährig; rosettig; Blütentriebe straff aufrecht; 80 bis 120 cm hoch. **Blatt:** Doppelt bis dreifach gefiedert; Blättchen eingeschnitten gezähnt; glattblättrig oder kraus; grün. **Blüte:** Juni bis Juli; grünlich gelb; Dolden. **Standort:** Halbschattig; stets frische, humusreiche, durchlässige Erde verwenden. **Pflege:** Regelmäßig gießen und düngen. Vermehrung durch Aussaat im Frühjahr. **Ernte:** Im ersten Jahr werden während der gesamten Vegetationsperiode Blätter geerntet. Beim Einsetzen der Blüte im zweiten Jahr werden die Blätter ungenießbar. **Verwendung:** Petersilie wird am besten frisch verwendet und passt gut zu Quark, Salaten, Suppen, Kartoffeln und Saucen. Getrocknete Blätter haben kaum noch Geschmack.

JETZT WIRD ES WÜRZIG!

Russischer Salbei *Perovskia atriplicifolia* ist ein mehrjähriger, winterharter Lippenblütler mit weißfilzigen, aromatisch duftenden Blättern. Das Kraut benötigt einen sonnigen, geschützten Platz und durchlässige, nährstoffarme Erde. Blätter werden als Würze für Fleisch oder Fisch verwendet.

Anis *Pimpinella anisum* ist ein einjähriger Doldenblütler mit gefiederten Blättern. Anis benötigt einen sonnigen, windgeschützten Platz und sandig-lehmige Erde. Im Sommer werden Samen geerntet und zum Würzen von Backwaren, Suppen oder Currygerichten verwendet.

Rosmarin

Rosmarinus officinalis

Wuchs: Strauch; dichtbuschig; im unteren Bereich verholzend; im Topf bis 1 m hoch. **Blatt:** Immergrün; linealisch; eingerollt; ledrig; unterseits graufilzig; duftend. **Blüte:** März bis Juni; blassblaue Scheinquirle. **Standort:** Sonnig; magere, humose, durchlässige Erde verwenden. **Pflege:** Staunässe vermeiden; Rückschnitt im Frühjahr; Winterschutz nötig; Vermehrung durch Stecklinge im Frühsommer. **Ernte:** Bei Bedarf werden Blätter und Zweigspitzen geerntet. **Verwendung:** Rosmarin ist ein intensiv schmeckendes Gewürz, das gut zu mediterranen Gerichten wie Fleisch, Fisch, Geflügel und Suppen passt. Rosmarinzweige sind dekorativ und gut für die Herstellung von Würzölen oder Kräuterlikören geeignet.

Weinraute

Ruta graveolens

Wuchs: Mehrjährig; buschig; im unteren Bereich verholzend; 40 bis 60 cm hoch. **Blatt:** 2- bis 3-fach gefiedert; Blättchen verkehrt lanzettlich; ganzrandig; blaugrau. **Blüte:** Juni bis September; gelbe Trugdolden. **Standort:** Sonnig; durchlässige, magere Erde verwenden. **Pflege:** Staunässe vermeiden; Rückschnitt im Frühjahr; Vermehrung durch Aussaat. **Ernte:** Vor der Blüte werden Blätter geerntet und frisch verwendet. **Verwendung:** Weinraute ist ein intensives Gewürz, das nur sparsam verwendet werden darf. Es passt gut zu Salaten, Fleisch und Fisch und wird als Aroma für Kräuterlikör genutzt. Achtung: Die Pflanze wirkt phototoxisch; bei intensiver Sonnenstrahlung nicht berühren!

Großer Sauerampfer *Rumex acetosa* **Wuchs:** mehrjährig; straff aufrecht; 30 bis 100 cm hoch. **Blatt:** grundständig; elliptisch; grün. **Blüte:** Juni bis August; rötliche Rispen. **Standort:** Halbschattig bis schattig; durchlässige, nahrhafte Erde verwenden. **Pflege:** Regelmäßig gießen und düngen; winterhart; Vermehrung durch Aussaat. **Ernte:** Junge Blätter und Sprossspitzen im Frühjahr. **Verwendung:** Sauerampfer wirkt appetitanregend, leberstärkend, harntreibend und blutreinigend. Frische Blätter werden Salaten beigefügt. Hoher Gehalt an Oxalsäure; sparsam verwenden!

Frucht-Salbei

Salvia dorsiana

Wuchs: Mehrjährig; straff aufrecht; 80 bis 150 cm hoch. **Blatt:** Groß; herzförmig; zugespitzt; samtig behaart; fruchtig duftend; hellgrün. **Blüte:** März bis April; rosarote Lippenblüten. **Standort:** Sonnig; durchlässige, nahrhafte Erde verwenden. **Pflege:** Regelmäßig gießen und düngen; Rückschnitt im Frühjahr; hell und frostfrei überwintern; Vermehrung durch Stecklinge im Frühjahr oder Sommer. **Ernte:** Während des ganzen Sommers werden Blätter geerntet und frisch verwendet oder getrocknet. **Verwendung:** Die nach Guave und Mango duftenden Blätter eignen sich hervorragend für die Zubereitung eines Tees. Sein milder, fruchtiger Geschmack ist angenehm und macht den Tee auch bei Kindern sehr beliebt.

Pfirsich-Salbei

Salvia greggii

Wuchs: Mehrjährig; straff aufrecht; 40 bis 70 cm hoch. **Blatt:** Elliptisch; gezähnt; samtig behaart; fruchtig duftend; immergrün. **Blüte:** Mai bis November; rosarote Lippenblüten; reich blühend. **Standort:** Sonnig; durchlässige, nahrhafte Erde verwenden. **Pflege:** Regelmäßig gießen und düngen; Rückschnitt fördert lange Blütezeit; hell und frostfrei überwintern; Vermehrung durch Stecklinge im Frühjahr oder Sommer. **Ernte:** Während des ganzen Sommers werden Blätter geerntet und frisch verwendet oder getrocknet. **Verwendung:** Die nach Pfirsich und Aprikose duftenden Blätter eignen sich hervorragend zum Aufbrühen von Tee. Die Pflanze ist ein besonders hübscher Blickfang für Balkon und Terrasse.

Salbei-Vielfalt für Ihre Terrasse

Peruanischer Salbei *Salvia discolor* ist ein frostempfindlicher, bis 80 cm hoher Halbstrauch mit elliptischen, weißfilzigen Blättern und schwarzvioletten Blüten mit schwachem, eukalyptusähnlichem Duft, die in überhängenden Rispen stehen. Er ist als Tee- und Kübelpflanze attraktiv.

Honigmelonen-Salbei *Salvia elegans* ist ebenfalls frostempfindlich, wächst buschig und wird bis 50 cm hoch. Ab dem Spätsommer erscheinen rote, in Rispen stehende Blüten, die nach Honigmelonen duften. Diese Art ist in der Kultur anspruchslos und eignet sich als Teekraut.

Echter Salbei

Salvia officinalis

Ananas-Salbei

Salvia rutilans

Wuchs: Mehrjährig; breitbuschig; im unteren Bereich verholzend; 40 bis 60 cm hoch. **Blatt:** Elliptisch; gekerbt; filzig behaart; duftend; graugrün. **Blüte:** Juni bis August; hellviolettblau. **Standort:** Sonnig; durchlässige, kalkhaltige Erde verwenden. **Pflege:** Regelmäßig gießen und düngen; Rückschnitt im Frühjahr; leichter Winterschutz ist ratsam; Vermehrung durch Aussaat oder Stecklinge. **Ernte:** Junge Blätter oder krautige Triebspitzen werden vor der Blüte geerntet und frisch verwendet oder getrocknet. **Verwendung:** Salbei-Tee wirkt entzündungshemmend und wird bei Erkältungen zum Gurgeln empfohlen. Das bitter-aromatische Kraut wird zum Würzen verschiedener Speisen genutzt.

Wuchs: Mehrjährig; breitbuschig; im unteren Bereich verholzend; 80 bis 150 cm hoch. **Blatt:** Groß; eiförmig; gekerbt; filzig behaart; duftend; grün. **Blüte:** November bis Februar; rote Lippenblüten. **Standort:** Sonnig bis halbschattig; durchlässige, nahrhafte Erde verwenden. **Pflege:** Regelmäßig gießen und düngen; Rückschnitt im Frühjahr; hell und frostfrei überwintern; Vermehrung durch Stecklinge im Frühjahr oder Sommer. **Ernte:** Blätter und Blüten werden bei Bedarf geerntet und frisch verwendet oder getrocknet. **Verwendung:** Der süß schmeckende Ananas-Salbei ist eine Teepflanze. Die Blätter eignen sich auch zum Würzen von Süßspeisen, die Blüten werden gern zum Garnieren von Salaten verwendet.

Echter Salbei *Salvia officinalis* ist ein Kraut mit zahlreichen Kulturformen: *Salvia officinalis* ssp. *minor* 'Alba' ist weißblühend. *Salvia officinalis* 'Berggarten' hat bunte Blätter, 'Crispa' ist krausblättrig, 'Nana' kleinwüchsig, 'Purpurascens' rotlaubig und 'Rosea' rosablühend.

Muskateller-Salbei *Salvia sclarea* ist der heimliche Star unter den Salbeiarten. Die zweijährige, bis 150 cm hohe Pflanze ist winterhart. Sie wächst am liebsten in nahrhafter, humoser Erde. Die herrlich duftenden Blüten erscheinen ab Juni und eignen sich als Beigabe zu Säften und Desserts.

Sommer-Bohnenkraut
Satureja hortensis

Wuchs: Einjährig; buschig; straff aufrecht; stark verzweigt; bis 40 cm hoch. **Blatt:** Schmal lanzettlich; behaart; dunkelgrün. **Blüte:** Juli bis Oktober; weiße bis lilafarbene Scheinähren. **Standort:** Sonnig; durchlässige, leichte Erde verwenden. **Pflege:** Regelmäßig gießen, wenig düngen; Vermehrung durch Aussaat (Lichtkeimer). **Ernte:** Frische Blättchen während des Sommers; das ganze Kraut während der Blüte. **Verwendung:** Bohnenkraut wirkt verdauungsfördernd und eignet sich als intensive Würze für Bohnengerichte, Kartoffeln, Braten und Eintöpfe (lange mitkochen!). Frische Blätter würzen Salate, frische Triebe werden zum Aromatisieren von Öl und Essig verwendet.

Berg-Bohnenkraut
Satureja montana

Wuchs: Mehrjährig; buschig; im unteren Bereich verholzend; 25 bis 50 cm hoch. **Blatt:** Schmal lanzettlich; drüsig; glänzend dunkelgrün. **Blüte:** Juli bis Oktober; weiße bis lilafarbene Scheinähren. **Standort:** Sonnig; durchlässige, nahrhafte, etwas kalkhaltige Erde verwenden. **Pflege:** Wenig gießen, im Frühjahr kräftig düngen; Formschnitt im Frühjahr; winterhart; Vermehrung erfolgt durch Aussaat (Lichtkeimer) im zeitigen Frühjahr oder durch Stecklinge im Sommer. **Ernte:** Ab dem zweiten Jahr zwei bis drei Ernteschnitte pro Sommer; kaum Aromaverlust beim Trocknen. **Verwendung:** Berg-Bohnenkraut wird in der Küche zum Würzen von Bohnengerichten, Kartoffeln, Braten, Eintöpfen und deftigen Salaten genutzt.

Ausdauernde aromatische Teekräuter

Heiligenkraut *Santolina chamaecyparissus* ist ein mehrjähriger, winterharter Halbstrauch mit weißfilzigen Blättern und gelben Blüten. Die ganze Pflanze hat einen starken Geruch. Der bitter schmeckende Tee aus Blättern und Blüten wirkt entzündungshemmend und verdauungsfördernd.

Indianische Minze *Satureja douglasii* ist eine stark duftende mehrjährige Hängepflanze mit rundlichen Blättern, kleinen weißen Blüten. Die Pflanze muss frostfrei und hell überwintert werden. Blätter und Triebe werden als Würzkraut und als Tee bei Erkältungen und Kopfschmerzen angewendet.

Tripmadam

Sedum reflexum

Wuchs: Mehrjährig; kriechend mit langen Trieben; 10 bis 20 cm hoch. **Blatt:** Nadelförmig; spitz; immergrün; dickfleischig (sukkulent); blaugrau. **Blüte:** Juli bis August; goldgelb. **Standort:** Sonnig; magere, durchlässige, steinige Erde verwenden; wächst gut in Mauerfugen. **Pflege:** Anspruchslos; trocken kultivieren; Staunässe unbedingt vermeiden; winterhart; Vermehrung durch Stecklinge. **Ernte:** Die fleischigen Triebspitzen können ganzjährig geerntet werden. **Verwendung:** Tripmadam schmeckt scharf und kann als Würze von Kräuterbutter, Salaten und Rohkost verwendet oder auch in Essig eingelegt werden. Gewürzsträußchen aus frischen Trieben sind eine beliebte essbare Tischdekoration.

Süßkraut

Stevia rebaudiana

Wuchs: Ein- bis mehrjährig; aufrecht buschig; 30 bis 70 cm hoch. **Blatt:** eiförmig bis elliptisch; gezähnt; grün. **Blüte:** September bis Oktober; achselständig. **Standort:** Sonnig bis halbschattig; durchlässige, nahrhafte Erde verwenden. **Pflege:** Regelmäßig gießen und düngen; Rückschnitt nach der Blüte; in temperierten, hellen Räumen überwintern; Vermehrung durch Aussaat im zeitigen Frühjahr oder durch Stecklinge im Sommer. **Ernte:** Bei Bedarf werden Blätter geerntet und frisch verwendet oder getrocknet. **Verwendung:** Das kalorienarme Süßkraut enthält zahlreiche Vitamine und Mineralstoffe. Die Blätter werden als natürlicher Süßstoff für Salate, Desserts und Getränke verwendet.

Heilkräftige Kräuter

Hauswurz *Sempervivum tectorum* ist ein winterhartes Dickblattgewächs mit fleischigen, rosettig angeordneten Blättern und glockenförmigen roten Blüten. Die Blattrosetten werden vor der Blüte geerntet und gegen Verbrennungen, Hautentzündungen und Insektenstiche verwendet.

Heil-Ziest *Stachys officinalis* ist eine mehrjährige, winterharte Staude mit rosa- oder lilafarbenen Blüten. Er bevorzugt einen sonnigen Standort und magere Erde. Ein Tee aus Blättern oder Sprossspitzen stärkt das Nervensystem und hilft gegen stressbedingte Kopfschmerzen.

Gewürz-Tagetes

Tagetes tenuifolia

Wuchs: Einjährig; kissenförmig; 20 bis 40 cm hoch. **Blatt:** Gefiedert; grob gezähnt; duftend; grün. **Blüte:** Juni bis September; sortenabhängig leuchtend gelb, goldgelb, orange oder orangerot. **Standort:** Sonnig bis halbschattig; nahrhafte, durchlässige Erde verwenden. **Pflege:** Reichlich wässern und düngen; Haupttrieb früh stutzen; alte Blüten entfernen; Vermehrung durch Aussaat. **Ernte:** Bei Bedarf werden Blüten oder junge Blätter geerntet. **Verwendung:** Die Blätter werden als würziges Küchenkraut verwendet. Die Blüten sind essbar und daher als Salatdekoration sehr gut geeignet. Das durch Wasserdampfdestillation gewonnene ätherische Öl der Blüten ist Bestandteil von Massageölen.

Zitronen-Thymian

Thymus × citriodorus

Wuchs: Mehrjährig; Polster bildend; 20 cm hoch; im unteren Bereich verholzend. **Blatt:** Immergrün; rundlich bis eiförmig; mittelgrün. **Blüte:** Juni bis Juli; rosafarbene Ähren. **Standort:** Sonnig; durchlässige, kalkhaltige Erde verwenden. **Pflege:** Mäßig gießen und düngen; verblühte Blütenstände entfernen; Formschnitt im Frühjahr; Vermehrung durch Aussaat im Frühjahr oder durch Stecklinge und Ausläufer im Sommer. **Ernte:** Bei Bedarf werden Blätter vor der Blüte und blühende Sprossspitzen geerntet und frisch verwendet oder getrocknet. **Verwendung:** Zitronen-Thymian wird wegen seines feinen Aromas in der Küche zum Würzen von Salaten, Fischgerichten und Saucen verwendet.

Würzige Topf-Kräuter

Balsamkraut *Tanacetum balsamita* ist ein mehrjähriges, winterhartes, 50 bis 100 cm hohes Kraut. Es benötigt nahrhafte, gut durchlässige Erde und verträgt auch halbschattige Standorte. Die Blätter werden während des Sommers geerntet und als Tee oder Würze von Salaten und Soßen verwendet.

Orangen-Thymian *Thymus fragantissimus* ist eine mehrjährige, kompakt wachsende, 25 bis 30 cm hohe Pflanze mit hellen Blüten und herrlichem Duft. Orangen-Thymian wird wie Zitronen-Thymian kultiviert und ist bestens als Küchen- oder Teekraut geeignet.

Garten-Thymian

Thymus vulgaris

Wuchs: Mehrjährig; Polster bildend; 10 bis 40 cm hoch; im unteren Bereich verholzend. **Blatt:** Immergrün; rundlich bis eiförmig; eingerollt; unterseits behaart. **Blüte:** Juni bis September; weiß bis hellrosa; Ähren. **Standort:** Sonnig; durchlässige, kalkhaltige Erde verwenden. **Pflege:** Wenig gießen und düngen; Rückschnitt im Frühjahr; winterhart; Vermehrung durch Aussaat im Frühjahr oder durch Stecklinge im Sommer. **Ernte:** Bei Bedarf werden Blätter vor der Blüte und blühende Sprossspitzen geerntet und frisch verwendet oder getrocknet. **Verwendung:** Thymian wirkt verdauungsfördernd und wird als Tee oder in kleinen Mengen zum Würzen von Fleisch- und Kartoffelgerichten, Suppen und Saucen genutzt.

Kapuzinerkresse

Tropaeolum majus

Wuchs: Einjährig; buschig, niederliegend oder rankend; Triebe werden bis zu 3 m lang. **Blatt:** Rundlich bis schildförmig; gekerbt; hellgrün, teilweise bläulich bereift. **Blüte:** Juli bis Oktober; gelbe, orangerote oder rote, gespornte Trichterblüten; duftend. **Standort:** Sonnig; nahrhafte, durchlässige Erde verwenden. **Pflege:** Gleichmäßig gießen; während des Blattwachstums reichlich düngen; Vermehrung durch Aussaat im Frühjahr nach den letzten Frösten. **Ernte:** Frische Blätter, Blüten, Blütenknospen und unreife Samen. **Verwendung:** Blätter und Blüten werden als Salat oder auf Butterbrot gegessen. Geschlossene Blütenknospen und unreife Samen können in Essig eingelegt als Kapernersatz genutzt werden.

Kümmel-Thymian *Thymus herba-barona* ist ein winterharter, kompakt wachsender, bis 10 cm hoher Thymian mit dunkelgrünem Laub und rosa Blüten. Wegen seines kümmelartigen Geschmackes wird er als Küchenkraut für deftige Speisen, aber auch als Tee- und Duftpflanze verwendet.

Zimmerknoblauch *Tulbaghia violacea* ist eine mehrjährige, bei uns nicht winterharte, 40 bis 80 cm hohe Pflanze mit grasartigen Blättern und rosa oder weißen Blüten. Sie verträgt einen halbschattigen Standort und wird reichlich gewässert und gedüngt. Verwendung wie Schnittlauch.

Nützliche Adressen (nach Postleitzahlen)

Staatliche Bodenuntersuchungsinstitute (www.vdlufa.de)

Landesanstalt für Landwirtschaft
und Gartenbau Sachsen-Anhalt
Strenzfelder Allee 22
06406 Bernburg
Tel.: 0 34 71 / 33 42-02
Fax: 034 71 / 33 42-05
E-Mail: poststelle@llg.mlu.lsa-net.de
www.llg-lsa.de

Thüringer Landesanstalt für
Landwirtschaft
LUFA Jena
Naumburger Str. 98
07742 Jena
Fax: 0 36 41 / 6 83-0
www.tll.de

Landeslabor Brandenburg
LUFA Potsdam
Templiner Str. 21
14473 Potsdam
Tel.: 03 31 / 23 26-240
Fax: 03 31 / 23 26-226
www.mlur.brandenburg.de

LUFA Kiel
Gutenbergstr. 75–77
24116 Kiel
Tel.: 04 31 / 12 28-0
Fax: 04 31 / 12 28-498
www.lufa-itl.de

LUFA der Landwirtschaftskammer
Weser-Ems
Institut für Boden und Umwelt
Jägerstr. 23–27
26121 Oldenburg
Tel.: 04 41 / 80 18-30
Fax:04 41 / 80 18-99
E-Mail: lufa@lwk-we.de
www.lufa-nord-west.de

LUFA = Landwirtschaftliche Untersuchungs- und Forschungsanstalt

Landesbetrieb Hessisches Landeslabor
(LHL)
Am Versuchsfeld 13
34128 Kassel / Harleshausen
Tel.: 05 61 / 98 88-0
Fax: 05 61 / 98 88-300
E-Mail:info.lufa@lhl-wi.hessen.de
www.lufa-kassel.de

Landwirtschaftskammer Nordrhein-
Westfalen
Untersuchungszentrum Münster
Nevinghoff 40
48147 Münster
Tel.: 02 51 / 23 76-0
Fax: 02 51 / 23 76-521
E-Mail: info@lwk.nrw.de
www.lk-wl.de

LUFA Speyer
Obere Langgasse 40
67346 Speyer
Tel.: 0 62 32 / 136-0
Fax: 0 62 32 / 136-110
E-Mail: poststelle@lufa-speyer.de
www.lufa-speyer.de

Landesanstalt für landwirtschaftliche
Chemie
– Bodenabteilung –
Emil-Wolff-Str. 14
70599 Stuttgart
Tel.: 07 11 / 459-2671
Fax: 07 11 / 459-3495
E-Mail: postmaster@lachemie.uni-hohenheim.de
www.uni-hohenheim.de

Bayerische Landesanstalt für Landwirtschaft
Vöttinger Str. 38
85354 Freising
Tel.: 0 81 61 / 71-5804
Fax: 0 81 61 / 71-5816
E-Mail:poststelle@lfl.bayern.de
www.lfl.bayern.de

Höhere Bundeslehr- und Versuchsanstalt für Gartenbau
Grünbergstr. 24
A-1130 Wien / Schönbrunn
Tel.: +43 (0) 1 813 59 50-0
Fax: +43 (0) 1 813 59 50-99
E-Mail: office@gartenbau.at
www.hblagart.bmlf.gv.at

Tiroler Landwirtschaftliche Untersuchungs- und Versuchsanstalt (LUVA)
A-6200 Rotholz 46
Tel.: +43 (0) 52 44 / 6 51 51-0

Private Bodenuntersuchungsinstitute

Institut Koldingen GmbH
Breslauer Str. 60
31157 Sarstedt
Tel.: 0 50 66 / 9 01 93-0
Fax: 0 50 66 / 9 01 93-35
E-Mail: koldingen@agrolab.de
www.agrolab.de

Balzer Bodenanalyselabor
Oberer Ellenberg 5
35083 Wetter-Amönau
Tel.: 0 64 23 / 74 83
Fax: 0 64 23 / 31 97
www.eco-select.de

Institut Prof. Dr. Jäger
Ernst-Simon-Str. 2–4
72072 Tübingen
Tel: 0 70 71 / 70 07-0
Fax: 0 70 71 / 70 07-77
E-Mail: Institut@InstitutDrJaeger.de
www.institutdrjaeger.de

Laboratorium Lacher
Niedermattenstr. 3
79238 Ehrenkirchen
Tel.: 0 76 33 / 98 22-34
Fax: 0 76 33 / 98 22-35
E-Mail: michael.lacher@laboratorium-lacher.de
www.bgkev.de/prueflabore

Agrolab GmbH
Schulstr. 1
85416 Langenbach / OT Oberhummel
Tel.: 0 87 61 / 76 13 21
Fax: 0 87 61 / 76 13 56
E-Mail: zentrale@agrolab.de
www.agrolab.de

Labor für Boden- und Düngemitteluntersuchungen
Dr. Dürr
Hagener Weg 27
89179 Beimerstetten
Tel.: 073 48 / 64 08
E-Mail: kontakt@labor-duerr.de
www.labor-duerr.de

UFAG Laboratorien
Kornfeldstr. 4
CH-6210 Sursee
E-Mail: info@ufag-laboratorien.ch
www.ufag-laboratorien.ch

Kräuter und Duftpflanzen

Kräuter- und Staudengärtnerei Mann
Schönbacherstr. 25
02708 Lawalde
Tel.: 0 35 85 / 40 37 38
E-Mail: info@plantasia.de
www.staudenmann.de

Die Kräuterei
Alexanderstraße 29
26121 Oldenburg
Tel.: 04 41 / 88 23 68
www.kraeuterei.de

Rühlemanns Kräuter und Duftpflanzen
Auf dem Berg 2
27367 Horstedt
Tel.: 0 42 88 / 92 85-58
Fax: 0 42 88 / 92 85-59
E-Mail: info@ruehlemanns.de
www.ruehlemanns.de

Kräuterey Lützel
Im Stillen Winkel 5
57271 Hilchenbach
Tel.: 0 27 33 / 38 46
Fax: 0 27 33 / 1 26 79
www.kraeuterey.de

Otzberg Kräuter
Erich Ollenhauer-Str. 87a
65187 Wiesbaden
Tel.: 06 11 / 8 12 05 45
Fax: 06 11 / 8 46 05 58

Tausendschön
Hauptstraße 9
74541 Vellberg-Großaltdorf
Tel.: 0 79 07 / 89 79

Syringa Duft- und Würzkräuter
Bachstraße 7
78247 Hilzingen-Binningen
Tel.: 0 77 39 / 14 52
Fax: 0 77 39 / 6 77
E-Mail: info@syringa-samen.de
www.syringa-samen.de

Blumenschule Rainer Engler
Augsburger Straße 62
86956 Schongau
Tel.: 0 88 61 / 73 73
Fax: 0 88 61 / 12 72
E-Mail: info@blumenschule.de
www.blumenschule.de

Kräuter im Brunnenhof
Kornstraße 61
88370 Ebenweiler
Tel.: 0 75 84 / 32 33
www.brunnenhof-kraeuter-und-mehr.de

Raritätengärtnerei Treml
Eckerstraße 32
93471 Arnbruck
Tel.: 0 99 45 / 90 51 00
Fax: 0 99 45 / 90 51 01
E-Mail: treml@pflanzentreml.de
www.pflanzentreml.de

Kräuter-Saatgut

Kräuterhaus
Anke Maack
Lange Reihe 70
20099 Hamburg
Tel.: 040 / 24 93 56
Fax: 040 / 24 31 37
E-Mail: info@Kraeuterhaus.net
www.kraeuterhaus.net

Carl Sperling & Co. GmbH
Hamburger Straße 35
21339 Lüneburg
Tel.: 0 41 31 / 30 17-0
Fax: 0 41 31 / 30 17-45
E-Mail: info@sperli.de
www.sperli.de

KEIMZEIT Saatgut-Fachversand
Alter Berner Weg 24
22393 Hamburg
Tel.: 0 40 / 64 50 65 50
Fax: 0 40 / 64 50 65 55
E-Mail: kontakt@keimzeit-saatgut.de
www.keimzeit-saatgut.de

Gustav Schlüter
Bahnhofstr. 5
25335 Bokholt-Hanredder
Tel.: 0 41 23 / 20 21
www.pflanzenversand-schlueter.de
E-Mail: versand@garten-schlueter.de

Samentraum Gassmann
Berckstr. 30
28359 Bremen
Tel.: 04 21 / 22 37 94 30
Fax: 04 21 / 22 37 94 33
www.samentraum.de
E-Mail: info@samentraum.de

Thysanotus-Samenversand
Schulweg 21
28876 Oyten
Tel.: 0 42 07 / 57 08
Fax: 0 42 07 / 57 22
E-Mail: UweSiebers@t-online.de
www.thysanotus-samenversand.de

Bioland Hof Jeebel
Biogartenversand GbR
Jeebel 17
29416 Riebau
Tel.: 03 90 37 / 781
Fax: 03 90 37 / 95 51 15
E-Mail: info@biogartenversand.de
www.biogartenversand.de

Jelitto Staudensamen GmbH
Am Toggraben 3
29690 Schwarmstedt
Tel.: 0 50 71 / 98 29-0
Fax: 0 50 71 / 98 29-27
www.jelitto.com

Thompson & Morgan
Postfach 10 69
36243 Niederaula
Tel.: 0 40 / 61 19 39 93
E-Mail: tmdc@thompson morgan.com
www.thompson-morgan.com

Gärtner Pötschke GmbH
Beuthener Straße 4
41561 Kaarst
Tel.: 0 18 05 / 8 61-100
Fax: 0 18 05 / 8 61-300
E-Mail: info@poetschke.com
www.gaertner-poetschke.de

Kiepenkerl-Pflanzenzüchtung
Bruno Nebelung GmbH & Co. KG
Freckenhorster Str. 32
48351 Everswinkel
Tel.: 02582 / 6700
E-Mail: kiepenkerl@nebelung.de
www.kiepenkerl.de

Bio-Saatgut Ulla Grall
Eulengasse 3
55288 Armsheim
Tel.: 0 67 34 / 96 03 79
Fax: 0 67 34 / 96 00 14
E-Mail: Ulla.grall@bio-saatgut.de
www.bio-saatgut.de

Tom Garten
ESH Rhenania GmbH
Im Weidboden 12
57629 Norken
Tel.: 0 18 05 / 48 47 46
Fax: 0 18 05 / 66 00 82
E-Mail: info@tom-garten.de
www.tomgartenshop.de

Bingenheimer Saatgut AG
Ökologische Saaten
Kronstraße 24
61209 Echzell-Bingenheim
Tel.: 0 60 35 / 18 99-0
Fax: 0 60 35 / 18 99-40
E-Mail: info@oekoseeds.de
www.oekoseeds.de

Baldur-Garten GmbH
Elbinger Straße 12
64625 Bensheim
Tel.: 0 18 05 / 10 35-11
oder 0 62 51 / 10 35-10
Fax: 0 18 05 / 10 35-99
www.baldur-garten.de

Hild Samen GmbH
Kirchenweinbergstr. 115
71672 Marbach a. N.
Postfach 1161
71666 Marbach
Tel.: 07144 / 8473 11
Fax: 07144 / 8473 99
E-Mail: hild@nunhems.com
www.hildsamen.de

Biosamenwelt
Pestalozzistr. 42
90429 Nürnberg
Tel.: 09 11 / 3 23 94 06
Fax: 09 11 / 3 23 94 25
E-Mail: info@biosamenwelt.info
www.biosamenwelt.info

W. Nixdorf
Aschhauserstr. 77
97922 Lauda
Tel.: 09343 / 3465
Fax: 09343 / 65747
E-Mail : nixdorf@garten-wn.de
www.garten-wn.de

N.L.Chrestensen
Erfurter Samen- und Pflanzenzucht GmbH
Witterdaer Weg 6
99092 Erfurt
Tel.: 03 61 / 2 24 50
Fax: 0361 / 2 24 51 12
E-Mail: info@chrestensen.com
www.gartenversandhaus.de
www.chrestensen.de

biosem
Jutzet-Jossi S. & A.
Le Burli 39
CH-2019 Chambrelien
Tel.: 032 8 55 14 86
Fax: 032 8 55 10 58
E-Mail: biosem@biosem.ch
www.biosem.ch

Pflanzgefäße und Accessoires für drinnen und draußen

Orangerie Shop Braunschweig
Hagenring 84
38106 Braunschweig
Tel.: 05 31 / 2 08 93 11
E-Mail: info@orangerie-shop.de
www.orangerie-shop.de

Pötschke Ambiente GmbH
Beuthener Str. 4
41564 Kaarst
Tel.: 0 18 05 / 9 11-508
Fax: 0 18 05 / 9 11-520
E-Mail: ambiente@poetschke.com
www.poetschke-ambiente.de

Eschbach GmbH
Monte da Vinci
53819 Neunkirchen / Siegburg
Tel.: 0 22 47 / 96 93-0
Fax: 0 22 47 / 96 93-49
E-Mail: info@eschbach-accente.com
www.eschbach-accente.de

Trost GmbH & Co
Terracotta Rauenberg
Bottstraße 1
69231 Rauenberg
Tel.: 0 62 22 / 65-1
Fax: 0 62 22 / 65-247
E-Mail: info@rauenberger-terracotta.de
www.rauenberger-terracotta.de

Country Garden Versand GmbH
Nagolderstraße 27
72119 Ammerbuch-Pfäffingen
Tel.: 0 70 73 / 23 72
Fax: 0 70 73 / 91 51 29
www.country-garden.com

Grüne Erde GmbH
Frauenstraße 6a
80469 München
Tel.: 089 / 12 00 990
Fax: 089 / 12 00 99 22
www.grueneerde.de

Register

Halbfett markierte Seitenzahlen verweisen auf Abbildungen.

Mit 131 Farbfotos von:
Burkhard Bohne, Braunschweig: 66, 69, 71, 75, 78 (beide), 79, 80, 86 (beide), 89;
CMA – Bestes vom Bauern: 62 o;
Otmar Diez, Sulzthal: 6 o, 7, 13 o, 65;
Flora Press Agency GmbH, Hamburg: 1, 11, 29 o, 30, 47 (beide), 48 (alle drei), 52, 53;
Florensis Deutschland GmbH, Stuttgart: 10;
Gartenschatz GmbH, Stuttgart: 66, 67, 68 (beide), 70 (beide), 71, 72 (beide), 73, 74 (beide), 75, 76 (beide), 81 (beide), 82 (beide), 83 (beide), 88, 89;
Christian Gehler, Fürstenwalde: 9 u, 14 u;
Grüne Erde GmbH, München: 55;
Antje-Katrin Hansen, Hamburg: 5, 14 o, 29 u;
Helmold & Hertrich, Hamburg: 20
IDB Deutschland GmbH / Kerrygold: 61, 63;
Kiepenkerl-Pflanzenzüchtung, Everswinkel: 9 o, 64;
Engelbert Kötter, Walldürn-Rippberg: 38 u;
Kraft Foods Deutschland: 60;
BotanikBildarchiv Laux, Biberach/Riß: 6 u, 25 re, 42 u, 80;
PATROS: 58 ;
Wolfgang Redeleit, Bienenbüttel: 34 (beide), 35 (beide);
Reinhard-Tierfoto/Hans Reinhard, Heiligkreuzsteinach-Eiterbach: 12, 13 u, 26 o, 31, 33 (alle drei), 36 (beide), 39, 40, 42 o, 43;
Reinhard-Tierfoto/Nils Reinhard, Heiligkreuzsteinach-Eiterbach: 21 o;
Christel Rupp, Offenburg: 32;
Roland Spohn, Engen: 87;
Friedrich Strauß, Au-Seysdorf: 15, 16, 17, 18, 19, 21 u, 22, 23 (beide), 24, 25 li, 25 Mi, 26 u, 27, 28, 38 o, 44, 45, 46, 49, 50, 51 (beide), 54, 57 u;
Syringa/Bernd Dittrich, Hilzingen-Binningen: 67, 69, 73, 77 (beide), 79, 84 (beide), 85 (beide), 87, 88;
Teutoburger Ölmühle: 56;
Annette Timmermann, Kalübbe: 2/3, 62 u;
Unilever Deutschland GmbH / Brunch, Hamburg: 57 o, 59.

Mit 6 Farbillustrationen von:
Wolfgang Lang; Grafenau-Döffingen: 41 (beide);
Horst Lünser, Berlin: 37 (alle vier).

Umschlaggestaltung von Atelier Reichert, Stuttgart, unter Verwendung von zwei Fotos von Friedrich Strauß, Au (Hauptmotiv) und Gartenschatz GmbH, Stuttgart (Einklinker).

Mit 137 Farbabbildungen.

Gedruckt auf chlorfrei gebleichtem Papier

1. Auflage

ISBN 978-3-440-11333-2
Redaktion: Carolin Krank
Produktion: Doppelpunkt, Stuttgart
Grundlayout: Dietmar Grashoff, Lahr
Printed in Italy / Imprimé en Italie

Alle Angaben in diesem Buch sind sorgfältig geprüft und geben den neuesten Wissensstand bei der Veröffentlichung wieder. Da sich das Wissen aber laufend in rascher Folge weiterentwickelt und vergrößert, muss jeder Anwender prüfen, ob die Angaben nicht durch neuere Erkenntnisse überholt sind. Dazu muss er zum Beispiel Beipackzettel zu Dünge-, Pflanzenschutz- bzw. Pflanzenpflegemitteln lesen und genau befolgen sowie Gebrauchsanweisungen und Gesetze beachten.